Thilo · Der Weg zu zweit

Umschlaggestaltung:

Andreas Brylka · Dieter Gätjens

1. Auflage 1975
Gesamtherstellung: Clausen & Bosse, Leck
ISBN 3 7600 0121 1
ARH-Taschenbuch 6

Hans-Joachim Thilo

DER WEG ZU ZWEIT

Ein Ehekursbuch

AGENTUR DES RAUHEN HAUSES
HAMBURG

VORWORT

Wer liest schon ein Vorwort? Ich würde mich freuen, wenn Sie es doch täten. Wer ein Buch über die Ehe kauft, will wissen, wofür er sein Geld ausgibt. Die Auswahl ist groß, aber nicht alles ist für den Ehealltag brauchbar. Beim Schreiben dieses Büchleins habe ich eigentlich nur an die täglichen Gespräche zu denken brauchen, die ich als Eheberater und Psychotherapeut führe. Wenn man das nun seit über 25 Jahren tut, bekommt man doch wohl eine Ahnung davon, was praktisch und hilfreich für zwei Menschen ist, die sich liebhaben. Es ging mir aber auch darum, nicht alle Probleme so tierisch ernst abzuhandeln. Sie sollen schmunzeln können, wenn Sie das Büchlein lesen. Dann macht nämlich auch die gemeinsame Lektüre mehr Spaß. Mit Humor geht wirklich vieles besser . . .

Besonders würde ich mich freuen, wenn Sie das Büchlein zweimal lesen. Dann merken Sie auch, daß manches zwischen den Zeilen steht, was Sie beim erstenmal übersehen haben. Vielleicht sind die Schmunzelstellen am ehesten zum weiteren Nachdenken und zu einem Gespräch mit Ihrem Partner geeignet. Es gibt ein paar Fragen in unserem Leben, auf die muß man wohl irgendwann eine Antwort finden. Dazu gehört auch die Frage: Wo kommen wir her – wo gehen wir hin?

Viel Freude also beim Lesen!

Ihr Hans-Joachim Thilo, Lübeck

INHALT

EHE ES SOWEIT IST

Die letzten Wochen waren voller Aufregungen. Sie hatten sich zwar beide vorgenommen, alles in Ruhe zu überlegen und zu planen, und der Entschluß zur Heirat stand ja schon lange fest. Aber dann war so vieles dazu gekommen, woran man nicht gedacht hatte, Fragen der verschiedensten Art tauchten plötzlich auf, und ehe sie es sich versahen, wurde sogar gelegentlich die Atmosphäre zwischen beiden gereizter, als es sonst in der ganzen Verlobungszeit gewesen war. Wer will nicht alles etwas von ihnen! Die Eltern wollen andere Gäste eingeladen haben als sie, Hans will absolut keine Spargelsuppe zum Hochzeitsessen, und Claudia besteht darauf, daß an der Hochzeitstafel neben ihr die Tante sitzen soll, die sie in allen Jungmädchenfragen als Vertraute gehabt hatte. Überrascht merken beide, daß sie gar nicht sich allein heirateten, sondern daß jeder eine recht ansehnliche Familie mitbringt, die plötzlich mehr oder weniger offen Fragen stellt, Wünsche anmeldet und mit teilweise recht deutlicher Kritik an diesem oder jenem nicht zurückhält. Dabei waren sich Hans und Claudia eigentlich längst über alles einig gewesen. Aber wie staunte Claudia, weil ihr Hans, der doch einen so selbstsicheren Eindruck macht, plötzlich ganz klein und weich wird, wenn Onkel Herbert auftritt und Ansprüche anmeldet, die Claudia als völlig unberechtigt und töricht empfindet. Hans wiederum ist geradezu entsetzt darüber, daß seine moderne Verlobte, die als Sekretärin sich wirklich von niemandem die Butter vom Brot nehmen läßt, so altmodische Ansichten äußert und eine Hochzeit haben will, die Hans mehr in die Fotoseiten einer Frauenzeitschrift zu passen scheint als in die Zeit und in die Umgebung, in der sie beide leben. Wieder war so ein Nachmittag in der Wohnung bei Claudia mit den Eltern und den zukünftigen Schwägern und Schwägerinnen hingegangen, und nach dem Abendbrot hatte man sich mit einem langen Kuß verabschiedet.

1. Plötzlich – Angst vor der Bindung

Nun liegt Hans in seiner Junggesellenbude schlaflos im Bett und fängt an zu denken: Ist das eigentlich richtig, was ich vorhabe? Muß denn ausgerechnet schon jetzt geheiratet werden? Hätte man nicht doch noch warten sollen, bis mich der Chef zum Abteilungsleiter macht und wir auch noch ein paar Anschaffungen mehr hätten machen können? Ich hab' mal gehört – so sinniert er weiter – daß die Töchter später immer so werden wie ihre Mütter . . . Na, wenn meine Claudia so wird wie meine Schwiegermutter – . . . und dann die Geschwister! Ich hätte ja gar nicht gedacht, daß Herbert, Claudias ältester Bruder, so einen Einfluß auf sie hat. Und was der für politische Ansichten hat . . . Aber dann löscht er das Licht aus, dreht sich auf die Seite, seufzt tief und denkt: Na, ich werde sie schon noch hinkriegen. Wenn wir erst mal verheiratet und allein sind, dann wird alles anders.

Ob Hans ahnt, daß es seiner Claudia nicht viel anders geht? Nachdem Hans gegangen war, verabschiedeten sich die Brüder sehr schnell, das Thema der Unterhaltung wurde gewechselt, und man ging zu Bett. Aber auch Claudia kann keinen Schlaf finden. Mutter war so anders als sonst. Und vor allem Vater . . ., warum der nur immer so gereizt ist, wenn Hans etwas sagt. Ob er noch immer darüber eingeschnappt ist, daß sie keinen Akademiker angebracht hat, wie er immer gern wollte? Denn schließlich – Vater hat es ja in seinem Leben zu etwas gebracht. Was hat der Mann nicht alles geleistet und gearbeitet in seinem Leben. Ob Hans auch soviel Charakter und Willensstärke haben würde? Manchmal ist er so aufbrausend, und so vieles ist ihm in seiner Arbeit gleichgültig. Er scheint gar nicht so sehr daran interessiert zu sein, weiterzukommen und viel Geld zu verdienen. Und Vater hat ja mehr als einmal durchblicken lassen, daß er vor allem einen recht strebsamen Schwiegersohn haben möchte. Plötzlich – Claudia weiß auch nicht, wie sie darauf kommt – fällt ihr Uwe ein, ihr Jugendfreund. Wie war sie doch damals verliebt! Am liebsten wäre sie ins Wasser gegangen, als Uwe ihr den Abschiedsbrief schrieb. Dann hatte sie lange keinen Freund mehr gehabt, bis eben Hans kam. Es war keine Liebe auf den ersten Blick gewesen, Hans hatte sich erst langsam ihr Vertrauen und ihre Liebe erringen müssen. Aber Schritt für Schritt hatte sie gespürt, wie gut sie zueinander paßten und wie geborgen sie sich bei ihm fühlte. Bloß – der Uwe, das war doch ein verdammt schicker Kerl gewesen! Einen Beruf hatte er zwar nicht, und lernen wollte er auch nicht, aber in der Discothek abends, da konnte er innerhalb von kurzer Zeit die ganze Bude auf den Kopf stellen, und alle Mädchen schauten nur noch nach ihm. Nein, davon hatte Hans ja gar nichts. Was würde wohl ihr Chef sagen, wenn er Hans beim Polterabend zum erstenmal zu Gesicht bekommen würde? Würde er anerkennend nicken, oder würde sie ihm am Gesicht ablesen können, daß er meinte: Na, Sie als Chefsekretärin hätten ja auch einen anderen haben können. Aber dann dachte sie gleich wieder an Hans, dachte an seine guten Augen und an sein ruhiges Wesen und fühlte sich in ihrer Entscheidung wieder ganz sicher. Und im übrigen – sie würde ihn schon noch hinkriegen, wenn sie erst einmal verheiratet und allein wären, das wäre doch gelacht . . .

Es ist anzunehmen, daß sich solche Szenen und solche Gedankenreihen bei sehr vielen Brautpaaren in den letzten Wochen vor der Hochzeit finden lassen.

Selten werden solche Befürchtungen anderen gegenüber geäußert, aber die beiden Verlobten machen sich über ihre Gedanken doch Sorgen. Ob die Liebe auch ausreicht? Ob man zu überstürzt gehandelt hat? Ob Ehe in unserer Zeit wirklich noch etwas ist, was man mit guten Gründen bejahen kann?

Der Eheberater weiß, daß solche Gedanken unmittelbar vor der Hochzeit meistens das Zeichen einer beträchtlichen Reife sind. Sie beweisen nämlich, daß eben Liebe keineswegs in allen Fällen blind macht, sondern daß vor einem so entscheidenden Schritt Empfindungen und Erinnerungen wach werden, die sich beide Brautleute nur zu einem Teil bewußt machen können. Vor allen großen Lebenseinschnitten tauchen sehr zwiespältige Gefühle in uns auf. Mit einiger Sicherheit werden wir Hans und Claudia schon heute sagen können, daß kurz vor der Taufe ihres ersten Kindes sich ähnliche Sorgen bei ihnen einstellen werden, daß jede Berufsveränderung und jeder Wohnungswechsel Zwiegespräche solcherart mit sich bringen werden, daß der Tod der Eltern ein nächster tiefer Einschnitt werden wird, und daß sie schließlich miteinander immer wieder vor neue Entscheidungen gestellt sein werden. Wer den Mut hat, sich den Fragen zu stellen, die aus seinem Inneren heraus aufbrechen, beweist damit, daß er bereit ist, ein verantwortliches Leben zu führen. Fragen aufkommen zu lassen und Antworten zu suchen ist nicht ein Zeichen von Wankelmütigkeit und Unreife, sondern ein Zeichen für eine fortschreitende Reifung, für die Fähigkeit, das Leben zu meistern. Nicht immer muß jede Frage, die aus dem Inneren aufsteigt, auch sich gleichsam selbst beantworten. In einer Zeit, in der alle Lebensbereiche so kompliziert und so vielgestaltig geworden sind, ist es keineswegs mehr ein Zeichen von Unfähigkeit, sondern sehr vielmehr ein solches von Klugheit, seine Probleme mit den Menschen zu besprechen, die einem nahestehen. Claudia sollte sich also Hans mit ihren Sorgen anvertrauen, und Hans sollte die seinen ebenso Claudia gegenüber auszusprechen wagen. Es würde vermutlich ein sehr beglükkendes Gefühl sein, wenn man von dem anderen erfährt, daß er sich ähnlichen Fragen gegenübersieht, wie man sie sich selbst stellt. Es könnte aber auch sein, daß man sich an eine dritte Person wendet. Aus vielerlei Gründen werden das in einer solchen Situation die Eltern oder die Verwandten nur selten sein können, weil eben jeder, der zu nahe an einem Gegenstand steht, den er beurteilen soll, oft die wichtigsten Dinge übersieht. Der Abstand bringt größere Klarheit, und Distanz schafft oft mehr Vertrauen und Sachlichkeit als gefühlsbetonte Nähe. Darum sollten Hans und Claudia erwägen, ob sie nicht eher zu einem fernstehenden Verwandten, einem Freund, zu einem Eheberater oder eben auch zu ihrem Pastor gehen sollten, wenn sie ihn kennen, zu ihm Vertrauen haben und meinen, daß er ihnen über ihre Probleme etwas sagen könnte.

2. Ratschläge sind oft Rat-Schläge

Dabei sollten Hans und Claudia nicht zuerst einen weisen Rat haben wollen. Ziel eines solchen Gespräches wäre es vielmehr, daß der Befragte Hans und Claudia im Gespräch die Situation so deutlich machen kann, daß sie beide ihre eigene Entscheidung besser und klarer erkennen lernen. Was sie dann tun, unsere beiden, das ist ihre Sache. Sie sind längst keine kleinen Kinder mehr, auch wenn sie es in solchen Augenblicken vielleicht gern sein möchten. Niemand darf ihnen den Fluchtweg in die Kindheit ebnen, denn dann würde er bei aller Liebe ihnen nicht helfen, ein eigenes Leben miteinander zu führen. Berater sollten so eine Art Geburtshelfer sein. Sie sollten nichts anderes tun als die Entschlüsse, die die beiden selbst treffen und verantworten müssen, ans Tageslicht zu bringen. Merkwürdig, wie oft haben wir uns in unserer Kindheit danach gesehnt, etwas »allein« tun zu können. Später dann sehnen wir uns gelegentlich danach, nicht alles »allein« tun zu müssen. Jetzt aber ist der Zug unserer Kindheit endgültig abgefahren. Hans und Claudia haben die Aufgabe, sich gegenseitig an die Hand zu nehmen und wie einst Hänsel und Gretel im Wald den Mut zu haben, ihren Weg allein zu suchen und zu finden. Dabei mögen sie von Station zu Station auf die Stimmen von Menschen hören, die ihnen nicht nur nahestehen, sondern auch fachlich etwas gelernt haben, um anderen Menschen ein Stück Lebensweg zu erhellen. Aber – entscheiden, das müssen Hans und Claudia ganz allein.

3. »Ideale« Ehe – gibt es das?

Wie kommt es eigentlich, daß sich immer wieder Sorgen und Befürchtungen einschleichen? Man kennt sich doch schon eine Zeit und ist sich auch darüber klar, wie die eigene Ehe später aussehen sollte. Aber schon hier zeigt es sich, daß diese Klarheit oft recht fraglich ist. Da meint Claudia, es sei selbstverständlich, daß in ihrer Ehe alles genauso gehen müsse, wie es bei ihren Eltern sei, während Hans davon ausgeht, daß unter allen Umständen ihre Ehe völlig anders aussehen müsse als die seiner Eltern. Nun sollen aber weder Hans noch Claudia die Ehe der Eltern kopieren oder ablehnen, sondern die beiden sollen etwas Neues, Gemeinsames schaffen. Ehe muß immer »fruchtbar« sein. Das bedeutet gar nicht zuerst, daß hier im biologischen Sinne die Kinder gemeint sind, sondern daß die beiden eben miteinander auf geistigem und seelischem Gebiete etwas Neues schaffen, etwas, das nur ihnen beiden gehört, und das nur sie beide so schaffen können, wie sie es tun. Wir stehen dabei vor der interessanten Tatsache, daß die Flut der Ehebücher, der Fernsehfilme und der Hörspiele, der Artikel in den Illustrierten und die Gespräche im Sportklub die beiden nicht etwa sicherer, sondern in der Tiefe ihres Herzens oft unsicherer gemacht haben, als es unsere Urgroßeltern wohl bei Eintritt in ihre Ehe gewesen sind. Die Leute, die sich mit solchem Verhalten von Berufs wegen befassen müssen, reden hier von der Rollenunsicherheit. Natürlich weiß Hans sehr genau, daß er kein Patriarch in seiner Ehe sein darf. Er ist fest entschlossen, nicht zum Pascha zu werden, der mit mürrischem Gruß abends nach Haus kommt, von seiner Frau in demütiger Haltung empfangen wird und die Hausschuhe an die Füße gesteckt bekommt, um danach mit einem gebrummten »Mahlzeit« hinter Bier und Bratkartoffeln zu verschwinden. Er weiß ganz genau, daß er das führen muß, was ihm in jeder Fernsehsendung als partnerschaftliche Ehe angepriesen wird, und – er ist auch willens, das zu tun. Er will natürlich mit abwaschen helfen, er weiß natürlich, daß auch seine Frau müde ist, wenn sie vom Büro abends heimkommt;

er hat es zwanzigmal gehört, daß ihm kein Zacken aus der Krone fällt, wenn er sich an der Hausarbeit nicht nur beteiligt, sondern sich auch dort betätigt, wo angeblich früher die »züchtige Hausfrau« allein gewaltet hat. Er weiß das alles, aber – irgendwie hat er Angst davor. Noch ist in ihm die Rolle lebendig, die Vater und Großvater in ihren Ehen gespielt haben. Noch hat er zuviel Freunde im Betrieb und am Stammtisch, die ihm dazu raten, vom ersten Tag an mit der Faust auf den Tisch zu schlagen und klarzumachen, wer Herr im Hause sei. Noch meint er, genau wie sein Vater, seiner Frau Taschengeld zuweisen zu müssen, obwohl sie doch möglicherweise ebensoviel durch ihre Arbeit zur Haushaltskasse beisteuert, wie er selbst. Das alles tut er nicht, weil er böswillig wäre oder weil er im Grunde seines Herzens eben doch eine Pascha-Ehe führen will, sondern – weil ihm die alte Rolle des Hausherrn noch immer unbewußt vorschwebt. Er hat Angst, als unmännlich, ja als feige zu gelten, wenn er es wagt, sich in jeder Beziehung auf eine partnerschaftliche Ehe einzulassen. Er trägt noch immer das falsche Bild einer Männlichkeit in sich, die sich anscheinend dadurch auszeichnet, daß man herumtobt wie ein Löwe und sich all jene Dinge gestattet, die einem Sklavenhalter besser anstehen als einem Ehemann im 20. Jahrhundert. Und Claudia? Viel anders sieht es in ihr auch nicht aus. Natürlich weiß sie, daß sie es nicht mehr mit Schillers Wort halten darf »dienen lerne bei Zeiten das Weib nach ihrer Bestimmung«, aber eines möchte sie doch recht gern: Eine gute Ehefrau sein. Warum auch nicht? Nur – was heißt das heute praktisch? Irgendwo steckt auch in ihr das Ideal einer »guten« Ehefrau, die von früh bis abends unablässig für ihren Ehemann da ist. Aber soll sie sich deshalb vom ersten Tag ihrer Ehe an in der Dreizimmerwohnung verkriechen, um nach knapp zwei Stunden Reinemachdienst auf dem Sofa liegend oder spazierengehend auf die Rückkehr des Ehemannes zu warten? Soll sie sich in der Zwischenzeit »bilden«, um ihrem heimkommenden Ehegatten mit den neuesten politischen Ansichten entgegenzutreten? Fällt ihr dann nicht sehr bald die Decke über dem Kopf zusammen? Aber Hans hat vielleicht doch zur Bedingung gemacht, daß seine Frau nicht arbeiten solle . . . Hat er nicht gesagt, er sei Manns genug, seine Frau zu ernähren? Wenn dem so ist, dann sollte hierüber noch einmal schnellstens zwischen den beiden gesprochen werden. Sie haben nämlich dann wohl beide ein falsches Bild von einer partnerschaftlichen Ehe. Nein, Claudia soll schon in ihrem Beruf bleiben, wenn er ihr Freude macht, oder sich um eine neue Stelle bemühen, wenn er soviel an Überstunden und an Nervenkraft verlangt, daß für Hans nichts mehr übrigbleibt. An einem Punkt aber bleiben wir hartnäckig und lassen uns auch gern als altmodisch beschimpfen: Wenn das Baby da ist, dann gehört Claudia in den ersten drei Lebensjahren des Kindes unbedingt in das Haus. Sie mag gern zu einem späteren Zeitpunkt ihre ihr liebgewordene Arbeit wieder aufnehmen, aber es hieße alle Erkenntnisse der Kinderpsychologie in den Wind schlagen, wollten wir hier uns aus wirtschaftlichen Zwängen unserer Gesellschaft zu anderen Stellungnahmen verleiten lassen. Nachdem es unwiderlegbar feststeht, daß alles das, was wir Neurosen nennen und was das Leben in den späteren Jahren so sehr erschweren kann, sich in den ersten 3 bis 4 Lebensjahren bildet, ist jeder, der hier anders rät, entweder auf tiefenpsychologischem Gebiet ein Laie oder aber – er rät wider besseres Wissen.

Unsere Gedanken gehen noch einmal zurück zu Hans und Claudia, die in ihren – zur Zeit noch von einander getrennten – Betten liegen und sich schließlich

5.6 – 5.79

damit trösten, sie würden den anderen »schon noch hinkriegen«. Nun, wir werden an anderer Stelle den beiden sagen müssen, daß dies ein sehr gefährlicher Gedanke ist. Sich liebhaben und Ehe führen ist zwar ein lebenslanger Prozeß, der keineswegs am Hochzeitstag abgeschlossen ist. Aber notwendig ist erst einmal, daß jeder zu seinem Partner ja sagt, so wie er ist. Das verlangt gewiß Anpassung und ständiges Überdenken der eigenen Position. Am Beginn einer Ehe soll man aber zu nichts anderem bereit sein als eben gerade dazu.

KIRCHLICHE TRAUUNG – EIN SINNVOLLER START

Die Arbeiter einer norddeutschen Maschinenfabrik staunten nicht schlecht, als sie eines Morgens am schwarzen Brett ihres Werkes einen Anschlag fanden, in dem einer ihrer Kollegen folgendes veröffentlicht hatte: Im Gegensatz zu der Meinung vieler Kollegen möchte ich hiermit ausdrücklich feststellen, daß meine kirchliche Trauung in der XY-Kirche in Z. völlig kostenfrei gewesen ist.

Warum ein solcher Anschlag? Nachdem besagter Werkmeister, der es für nötig hielt, sich in dieser Weise zu äußern, seinen Wunsch nach kirchlicher Trauung im Kollegenkreise hatte laut werden lassen, wurden ihm auch dort die verschiedensten Bedenken entgegengebracht. Eines der törichtsten Gegenargumente war dies: Eine kirchliche Trauung sei mit vielen Kosten verbunden. Das mag in der Generation unserer Großeltern vielleicht so gewesen sein; heute ist zumindest in den großen Landeskirchen jede Amtshandlung völlig kostenfrei. Nicht nur, daß die Zahlung der Kirchensteuer selbstverständlich auch alle persönlichen Dienste, die die Kirche in ihren Amtshandlungen, in ihren Beratungsstellen, in ihren Schwesternstationen, im Unterricht der Konfirmanden, in der Jugendarbeit und an vielen anderen Stellen mit einschließt, sondern es ist allgemeiner Grundsatz der christlichen Kirchen, daß kein Dienst, den sie leisten, an irgendwelchen finanziellen Schwierigkeiten scheitern darf. Vermutlich aber ist der nicht auszurottende Hinweis auf die angeblich hohen Kosten einer kirchlichen Trauung nur der Vordergrund eines bei manchen Menschen tief festsitzenden Mißtrauens gegen kirchliche

Amtshandlungen überhaupt. Das mag viele Gründe haben, und weil Pastoren Menschen sind wie alle anderen, wird auch die Kritik an ihnen, an der Predigt und am Ablauf der kirchlichen Trauung sicherlich nicht immer unbegründet sein. Wer aber gibt schon sein Theaterabonnement ab, weil ihm der augenblickliche Theaterdirektor nicht gefällt? Wer verweigert seiner Stadt die Steuern, weil ihm der Bürgermeister nicht paßt? So richtig es ist, das alles, was die Kirche sagt und tut, nicht von dem persönlichen Vertrauen und der persönlichen Verbindung zwischen dem einzelnen Gemeindeglied und seinem Pastor abgelöst werden kann, so steht aber doch gerade hier im Mittelpunkt die Sache Gottes und nicht die Sympathie oder die Antipathie zu einem Menschen. Übrigens – so wie jeder das Recht hat, sich den Arzt seines Vertrauens zu wählen, so hat er auch das Recht, sich den Pastor zu wählen, der ihm zusagt. Gewiß mag das in kleineren Gemeinden oder auf einem Dorf nicht immer ganz einfach sein; aber wo ein Wille ist, da ist immer auch ein Weg, und eine offene Aussprache hilft auch hier viel. Es ist aber gar nicht nur die finanzielle Seite, die zwischen Hans und Claudia erwogen wurde, ehe sie den Entschluß faßten, sich kirchlich trauen zu lassen, sondern da waren noch eine ganze Reihe anderer Probleme zu lösen. Muß Claudia eigentlich ein weißes Brautkleid haben, wenn sie an den Altar tritt? Auch dies ist eine Sache, die allein in der Entscheidung der beiden Brautleute steht.

4. Brautkleid und Orgel – alles nur Firlefanz?

Kirchliche Vorschriften über die Kleidung, in der man zu einer Trauung erscheinen soll, gibt es nirgends. Aber Hans sollte seine Claudia gut verstehen, wenn sie gerade an diesem Tag Wert darauf legt, schön und festlich auszusehen und sich auch wohlzufühlen. Kleidung ist nicht nur etwas Äußerliches, sie hat eine ganze Menge mit unserem innersten Wesen zu tun. Es ist nicht nur eine Frage von Sitte und überkommener Gewohnheit, wenn wir uns im Urlaub anders anziehen als dann, wenn wir zu einem Fest eingeladen sind. Unsere innere Stimmung, unsere Einstellung zu unserer Umwelt ist eben im Campinglager anders, als wenn wir zu einer Gesellschaft eingeladen sind, bei der es gilt, miteinander ein Fest zu feiern. Die Art, in der wir uns freuen, die Anteilnahme am Leid, die Bereitschaft zu Sport und Spiel, alles das drücken wir nicht nur mit unserer Stimmung, sondern auch durch unsere Kleidung aus. Wenn also das junge Paar den Wunsch ausspricht, es solle bei seiner Trauung doch feierlich zugehen und dabei an die Kleidung, an die Blumen, an die Musik und an das ganze »Drum und Dran« denkt, dann sollte das niemand, auch kein Pastor, beargwöhnen. Die erbetene Feierlichkeit ist nämlich ebensowenig eine Äußerlichkeit wie es Kleidung, Musik und alles andere sind. Meistens ist dieser Tatbestand jedoch dem Brautpaar gar nicht bewußt. In jener Schicht nämlich, die tief innen und ganz unbewußt in uns ist, stoßen wir auf merkwürdige Gefühle, die sich gegenseitig zu widersprechen scheinen. Natürlich freuen sich Hans und Claudia auf ihren gemeinsamen Weg, und sie sind eigentlich auch ganz sicher, daß ihre Ehe anders aussehen wird als die mancher ihrer Bekannten. Natürlich kennen sie sich lange genug, haben auch manche kleine und große Krise schon miteinander durchgestanden und sind sich heute viel sicherer über ihren gemeinsamen Weg, als sie es am Tag ihrer Verlobung waren.

Aber eine Sache gibt Hans zu denken: In 14 Tagen soll Hochzeit sein, und gestern war er wieder einmal zum Abendbrot bei Claudias Eltern eingeladen, die Geschwister saßen mit am Tisch, und was war natürlicher, als daß man schon nach kurzer Zeit bei dem Thema Hochzeit landete. Plötzlich fragt doch Claudias Mutter:

5. Traugespräch ist kein Verhör!

»Habt ihr euch schon beim Pastor angemeldet?« Hans blickt auf: »Beim Pastor anmelden? Wozu das denn; der weiß doch Ort und Tag unserer Trauung ganz genau.« Claudia hatte das für Hans erledigt und dabei mit einiger Verwunderung festgestellt, daß der Pastor sie gebeten hatte, sie möchte doch ihm einen Termin nennen, an dem sie beide etwas Zeit hätten, um sich mit ihm, dem Traupastor, zu unterhalten. Claudia hatte das ihrem Hans einmal beiläufig erwähnt, und der hatte das schon längst vergessen. Vielmehr – er wollte es vergessen. Denn vor so einem Besuch bei dem Pastor, zusammen mit Claudia, hatte er ein recht unbehagliches Gefühl. Was ein Pastor vor der Trauung wissen wollte, davon konnte er sich eigentlich gar keine Vorstellungen machen. So fragt er am nächsten Tag seine Claudia: »Du, der will doch nicht etwa wissen, ob wir schon miteinander verreist waren?« Claudia hat auch ein wenig Angst vor einer solchen Frage, obwohl sie es beide als ganz natürlich angesehen hatten. Sie hat vielmehr Angst, der Pastor würde sie nach ihrem Konfirmationsspruch fragen oder etwa danach, wann und wie oft sie den Gottesdienst besuchen würden.

Nun, die beiden sollen sich hierüber keine Sorgen machen. Nach alledem wird der Pastor nicht fragen. Er will etwas ganz anderes: Er möchte den beiden diese Stunde so schön, so nachdrücklich und so persönlich wie möglich gestalten. Er möchte aber auch mit dem, was er sagt und was er tut, verstanden werden. Er will gerade nicht, daß irgendein Zeremoniell abrollt, ein paar »passende« Worte gesagt werden, unter denen sich trotz aller Bemühungen des Pastors Hans und Claudia wenig vorzustellen vermögen. Vor allem aber will er darauf hinweisen, daß eine kirchliche Trauung nicht etwa zu dem gehört, was man so »den guten Ton« nennt. Er wird den beiden vermutlich mit einiger Klarheit sagen, daß kirchliche Trauung kein Garantieschein für glückliche Ehe ist, und daß man ein sehr anständiger Mensch in einer sehr guten Ehe sein kann, ohne sich kirchlich trauen zu lassen. Kurz gesagt, er wird alle die Fragen anschneiden, die sich Hans und Claudia auch schon gestellt haben, als sie sich darüber unterhielten, ob man sich kirchlich trauen lassen solle oder nicht. So sollten die beiden also ihrem Pastor bald darüber Bescheid geben, wenn sie einmal gemeinsam eine Stunde Zeit haben, um ihn zu besuchen, oder den Pastor zu sich bitten. Das erstere wird vermutlich besser sein. Wenn sie zum Pastor gehen, dann gibt es keine Störungen, dann können sie gehen, wann sie wollen, dann sind sie sicher, daß niemand so ganz aus Versehen irgend etwas von dem mitbekommt, was sich die drei erzählen, und der Pastor hat alle notwendigen Formulare, seine Bibel und sein Gesangbuch zur Hand, die im Verlauf des Traugespräches eine Rolle spielen werden. Das Brautpaar sollte nur die beiden Tauf- und die beiden

Konfirmationsscheine mitbringen. Aus beiden geht die Zugehörigkeit zur Kirche hervor. Eine solche Unterlage wird nicht deshalb erbeten, weil der Pastor gleichsam eine Bescheinigung darüber sehen möchte, ob auch die Kirchensteuer regelmäßig bezahlt ist. Ihm geht es allerdings darum, daß sein Brautpaar nicht aus der Kirche ausgetreten ist. Gerade nämlich, weil er aus der Trauung keine fromme Show machen will, weil er keine frommen Phrasen reden will, weil er aus der Trauhandlung nicht so etwas machen will wie eine Schluckimpfung, die man eben haben muß, von der man aber hofft, daß sie so schnell und so schmerzlos als möglich vorübergeht, gerade darum liegt ihm soviel daran, daß Hans und Claudia Glieder ihrer Kirche sind. Dabei ist es gar nicht entscheidend, ob der eine Partner etwa katholisch ist oder einer der Freikirchen angehört, sondern ob er sich überhaupt an eine christliche Gemeinde gebunden fühlt. Beide werden ja am Schluß der Trauung das Trauversprechen vor dem Angesicht Gottes abzulegen haben. Was aber wäre es für eine Anmaßung, wenn der Pastor ein solches Trauversprechen von einem Menschen fordern würde, der – vielleicht nach vielen Überlegungen – seine Zugehörigkeit zur Kirche aufgekündigt hat? Christen sind nun einmal der Meinung, daß die große Familie der Christenheit in der ganzen Welt etwas anderes ist als nur ein Verein mit christlichen Interessen. Christen sind vielmehr der Meinung, daß sie einer Gemeinschaft angehören, in der es keine Grenzen von Rassen, Klassen und Ständen gibt, sondern in der sie sich miteinander so verbunden wissen, wie Brüder und Schwestern in einer sehr großen Familie. Auch eine solche Familie schließt Gegensätze, sehr verschiedene Meinungen, Streit, Ärger und Mißgunst nicht aus. Dennoch aber weiß man sich in irgendeiner Weise verbunden, dennoch kann man nicht leugnen, einen gemeinsamen Vater und eine gemeinsame Mutter zu haben. Die Frage nach der Zugehörigkeit zu einer kirchlichen Gemeinde ist also keine pastorale Anmaßung und keine Kontrolle über regelmäßig entrichtete Leistungen, sondern will nichts anderes als sicherstellen, daß kirchliche Trauung eine Sache bleibt, bei der nicht die beiden Brautleute, sondern eben der Schöpfer alles Lebens, nämlich Gott, im Mittelpunkt für alle Anwesenden steht.

Das Traugespräch dient auch dazu, den Ablauf der Trauung festzulegen und die einzelnen Stücke der Trauhandlung so verständlich zu machen, daß Hans und Claudia wirklich innerlich etwas davon haben. Dabei sollen die beiden keineswegs meinen, sie seien zum Schweigen verurteilt. Sie haben nicht nur das Recht, sondern als Gemeindeglieder geradezu die Pflicht, ihre Meinung zu äußern, wenn sie irgend etwas im Ablauf der Trauung geändert haben möchten, oder wenn sie sehr bestimmte Vorstellungen über die Lieder haben, die gesungen werden sollen und über den Text, der ihnen als Überschrift für ihre Ehe und als Leitfaden der Traupredigt vorschwebt. Ein Brautpaar kann einem Pastor kaum eine größere Freude machen als die, daß es mit festen Vorstellungen über den inneren Kern der Trauung zu einem Traugespräch kommt. Wenn unsere beiden ihre Konfirmationsscheine herausgesucht haben, dann sollten sie sich überlegen, ob etwa einer ihrer Einsegnungssprüche ihnen zum Trauspruch werden könnte, oder aber – was wohl noch viel besser wäre – sie sollten sich miteinander auf die Couch setzen, sich eine Bibel holen und sich gemeinsam ein Bibelwort aussuchen, von dem sie meinen, daß es zu ihnen paßt. Danach sollte das Gesangbuch aus dem Bücherschrank herbeigeholt werden, dessen vergoldete Seiten hoffentlich nicht mehr unbenutzt aneinanderkleben, um sich jene zwei oder drei Lieder herauszusuchen, deren Text und deren Melodie den beiden zusagen. Dann machen sich Hans und Claudia gemeinsam auf den Weg.

6. Auf dem Weg durch die Kirche ...

Auf einen solchen gemeinsamen Weg machen sie sich auch, wenn sie heiraten. Symbolisch wird dieser Weg bei Beginn der kirchlichen Trauung sichtbar. Hans und Claudia gehen miteinander durch die Kirche, hin zum Altar. Hinter ihnen gehen all die Menschen, die sie bisher geleitet haben. In der Kirche sitzen rechts und links eine Reihe von Freunden und Bekannten. Mit sehr gemischten Gefühlen gewiß: Die einen mögen Hans und Claudia, die anderen mögen sie weniger. Aber mit beiden Gruppen werden Hans und Claudia leben müssen. Langsam gehen sie und schweigend. So werden sie vermutlich noch einige Male durch ihre Kirche gehen. Dann vielleicht, wenn sie ihr Kind zur Taufe bringen; in dieser Kirche werden sie zum Gottesdienst gemeinsam sitzen; sie werden ihre eigenen Kinder zum Altar gehen sehen, wenn diese konfirmiert werden, und vielleicht werden die beiden selbst einmal hinter dem Sarg der Eltern durch eben diese Kirche schreiten. An all dies denken die beiden jetzt nicht. Aber auf einem gemeinsamen Weg zum Altar wird so vieles sichtbar: Alle Wege kommen von Gott und gehen zu Ihm hin; ob wir das wollen oder nicht, ob wir es glauben, oder ob wir es ableugnen, es ist doch so. So stehen auch Hans und Claudia schließlich vor den beiden Stühlen am Altar, vor ihnen steht das Kreuz, und ihre Augen können die Bibel sehen, die auf dem Altar liegt.

Dieser ganze Weg steht unter der Überschrift: »Ich bin der Weg, die Wahrheit und das Leben; niemand kommt zum Vater denn durch mich«. Dieser Weg zeigt, daß wir keinen Weg in dieser Welt allein zu gehen brauchen, daß alle unsere Wege ein Ziel haben. Auch die Lesungen aus der Bibel, die das Brautpaar vor der Predigt hört, unterstreichen denselben Gedanken. »Es ist nicht gut, daß der Mensch allein sei . . .«, so hören es Hans und Claudia und wissen hoffentlich, daß die Zweisamkeit nicht nur eine Sache ihrer gemeinsamen körperlichen Beziehungen, nicht nur eine Sache der gemeinsamen Interessen ist, sondern daß nun alles, was sie tun, beide gemeinsam angeht. Man kann in einer Ehe auch noch dann allein sein, wenn die sogenannte »eheliche Pflicht« ebenso zum Eheprogramm gehört, wie gelegentliche gemeinsame Ausflüge. Die Überwindung der Einsamkeit in einer Ehe ist nicht schon dadurch garantiert, daß man täglich nebeneinander hergeht. Die Einsamkeit wird immer dann sich besonders zeigen, wenn einer von beiden den geheimen Wunsch in sich trägt, *seine* Wünsche, *seine* Art zu leben und *seine* Vorstellungen dem anderen aufzuzwingen. Gott aber hat uns lieb, so wie wir sind. Er sagt vorbehaltlos ja zu uns, obwohl wir nicht so sind, wie Er uns gern möchte. In dem Maße, in dem wir seine Liebe verspüren und in uns aufnehmen, beginnen wir uns zu verändern. So soll es zwischen Hans und Claudia auch sein. Ihr gemeinsamer Lebensweg wird ihnen nicht die Möglichkeit offenlassen dürfen, sich gegenseitig in irgendeiner Form zu terrorisieren. Claudia darf eben nicht heimlich die Mutter von Hans spielen wollen, und Hans darf nicht meinen, er müsse seine angebliche Männlichkeit dadurch beweisen, daß er noch immer den überholten »Herr im Haus«-Standpunkt bei Tag und bei Nacht praktiziert.

In dieser gleichen Lesung hören die beiden eine der tiefsten Wahrheiten, die die Heilige Schrift überhaupt zu sagen hat: »Darum wird ein Mensch Vater und Mutter verlassen und an seinem Weib hängen, und sie werden sein ein Fleisch«. (1. Buch Mose, Kap. 2, Vers 24) Die Loslösung vom Elternhaus, die ja gerade nicht den Bruch mit den Eltern bedeutet, sondern den Mut geben soll, gemeinsam den neuen Weg zu gehen, ist eine Aufgabe, die einer Ehe ein ganzes Leben lang gestellt ist. Sie werden jetzt gemeinsam das Neue zu schaffen haben. Sie werden weder die Ehe der Eltern zu kopieren haben noch sich dazu verleiten lassen dürfen, prinzipiell alles anders zu machen, als sie es von zu Hause her gewöhnt waren. So wie jeder Mensch eine einmalige Schöpfung Gottes ist, so ist auch jede Ehe in allen ihren Lebensäußerungen etwas Eigenes, etwas Persönliches, etwas, das sich so ein zweites Mal nicht wiederfindet. Darum geht es bei den Lesungen mit einem Wort weiter, in dem es heißt, daß die beiden »einander mit den guten Gaben Gottes dienen« sollen. Die verschiedene Veranlagung, die verschiedene Art zu denken und die verschiedene Form, sich auszudrücken, erleichtert zwar das Zusammenleben zwischen zwei Menschen nicht, aber es macht die beiden reicher. Nur wer gewillt ist, offene Ohren und offene Sinne für die Andersartigkeit des Partners zu haben, wird durch den Partner bereichert werden und wird mehr und mehr die Angst vor ihm verlieren. Ja – wir sagten: Die Angst. Hans und Claudia sollen nicht erschrecken, wenn sie plötzlich auch gegenseitige Fremdheit entdecken. »Du bist so anders«, denkt Claudia, und Hans sagt es vielleicht sogar. Aber diese Andersartigkeit ist eben das, was die Bibel mit den guten Gaben meint, die Gott uns Menschen schenkt.

7. Ob der Pastor die »passenden« Worte findet?

Von der Predigt erwarten evangelische Brautleute in der Stunde ihrer Trauung meistens so etwas wie ein kleines Wunderwerk. Der Pastor soll genau das sagen, was sie gern hören möchten oder was die Eltern hören sollen. Nicht ganz selten geschieht es sogar, daß die Eltern der Brautleute den Pastor vor der Trauung heimlich anrufen und ihn in mehr oder weniger offener Form darum bitten, er solle dies oder jenes den beiden noch einmal »stecken«. Der Pastor wird sich hoffentlich von keinem dieser Argumente beeindrucken lassen. Aber er wird – und darauf können sich unsere beiden verlassen – sich Mühe geben, diese Stunde den beiden so schön, so persönlich, aber vor allem so sachgemäß wie möglich zu gestalten. Vielleicht sind die Eltern von Hans und Tante Martha, Claudias Patentante, hinterher mit dem Pastor sehr böse. Er hat doch nicht einmal erwähnt, daß Hans als kleiner Junge so gern gebetet hat; und davon, daß Claudia immer in den Kindergottesdienst gegangen ist, hat er auch nichts gesagt. Gewiß wird der Pastor sich beim Traugespräch über den Lebenslauf der beiden Brautleute informieren. Aber man bittet ja nicht deshalb einen Pastor zu einer Amtshandlung, damit er nur alles das wieder erzählt, was die beiden Brautleute und deren Angehörige sowieso viel besser wissen. Es ist nie ganz einfach, die persönlichen Dinge des Lebens, die ja auch unter dem Blick Gottes geschehen, mit dem zu verbinden, was nun in einer solchen Stunde gesagt werden muß. Kennzeichen einer guten Traupredigt könnte aber z. B. sein, daß der eine oder der andere Satz der Hochzeitsgesellschaft so nachgeht, daß man am späten Nachmittag sich plötzlich darüber zu unterhalten beginnt. Es könnte auch vorkommen, daß es eine Bemerkung gibt, die der Pastor vielleicht selbst gar nicht so wichtig genommen hat, die Hans und Claudia jedoch soviel zu denken gibt, daß sie sie über weite Strecken ihrer Ehe noch im Ohr haben. Eherezepte allerdings wird es nicht geben! Nicht etwa deshalb, weil der Pastor keine wüßte; vielmehr deshalb, weil er sich nicht befugt fühlt, Ratschläge zu geben, die dann auf bestimmte Lebenssituationen angewendet werden sollen, die weder der Pastor noch die Brautleute vorausahnen können. Auch die Traupredigt darf nicht dem Brautpaar Entscheidungen abnehmen wollen, sondern soll ein kleines Stück Hilfe dafür sein, die nun in der Ehe auf die beiden zukommenden Entscheidungen in der Verantwortung vor Gott sachgemäß selbst zu treffen. Das könnte dann so aussehen:

Es hat Krach gegeben. Den gibt es bei einem bestimmten Thema sehr häufig. Immer dann, wenn das Wochenende herannaht, steht zwischen Hans und Claudia die Frage auf, welche Eltern man nun besuchen solle. Claudia meint dann, es müsse selbstverständlich zu ihren Eltern gehen. Vater ist schon recht hinfällig, die Geschwister sind alle aus dem Haus, und die Eltern fühlen sich nach dem Weggang Claudias besonders einsam. Hans ist anderer Meinung. Er fühlt sich bei Claudias Vater nicht so recht wohl. Noch immer hat er den Eindruck, Claudias Vater könne es ihm nicht verzeihen, daß er kein Akademiker sei, und außerdem kann er die guten Ratschläge von Claudias Mutter einfach nicht mehr ausstehen. Wenn schon zu den Eltern, so meint Hans, dann sind nun diesmal wirklich meine Eltern dran. Gerade weil ich bei den Geschwistern einmal nach dem Rechten sehen muß, gerade weil meine Mutter mich so sehr vermißt, darum haben meine Eltern mehr Recht auf uns als die deinen. So gibt es den schönsten Ehekrach. Gewiß, man hätte sich in Ruhe über alles unterhalten können. Hans war auch dazu bereit. Claudia aber rechnete sich heimlich durch, wie oft sie schon nachgegeben habe, und hat nun Angst davor, sie könne sich etwas vergeben, wenn sie schon wieder nachgeben würde. Hans denkt im stillen genauso. Er überlegt sich, wie oft er seiner Claudia nachgegeben hat, und plötzlich ist ihm das Wort vom Pantoffelhelden in den Ohren, das seine Stammtischfreunde ihm so oft warnend vorgehalten haben. Ja, der liebe Stolz, was hat er schon alles angerichtet! So gewiß es ist, daß Claudia und Hans ihre Selbständigkeit nicht voreinander aufgeben dürfen, so dringend notwendig es ist, daß sie sich auch gegenseitig behaupten, so töricht ist es doch zugleich zu meinen, man müsse ständig darum kämpfen, sich ja nichts zu vergeben. Als der Pastor in der Traupredigt von der Vergebung sprach, kam es Hans und Claudia recht altmodisch vor. Plötzlich beginnen sie zu ahnen, daß man überhaupt nur dann miteinander leben kann, wenn man bereit ist, sich täglich neu zu ver-geben.

Wer nicht bereit ist, jeden Tag neu miteinander anzufangen, der wird sehr bald bei sich einen Berg von vermeintlichem Guthaben und beim anderen einen Berg von vermeintlichen Sünden sehen, der das weitere Zusammenleben immer unerträglicher macht. Weil aber Gott bereit ist, jede Sekunde mit uns neu zu beginnen und nicht müde wird, immer aufs Neue sein Vertrauen in uns zu setzen, darum können wir ohne Angst leben. Woher wir das wissen? Nur aus einer einzigen Quelle: Durch Jesus Christus hat es uns Gott ausrichten lassen, wie Er zu uns steht und was Er von uns hält. Durch seinen Tod hat er uns gezeigt, daß Er auch in den Stunden tiefster Verzweiflung und Einsamkeit ganz nahe bei uns ist, und in der Auferstehung Jesu Christi zeigt Er uns, daß mit dem Tode keineswegs alles aus ist, sondern Gottes Hand uns auch dann nicht losläßt, wenn alle anderen Hände loslassen müssen. Jesus Christus hing am Kreuz auf dem Berge Golgatha zwischen zwei Verbrechern. Sein Kreuz war eigentlich für den dritten bestimmt, der zusammen mit den beiden, die rechts und links gekreuzigt waren, seine Strafe verdient hätte. Nun aber ist dieser dritte frei, und dort, wo er eigentlich hätte hängen sollen, da hängt unser Herr. Er trägt die Strafe des anderen, und er trägt sie bis zum Tod. Der andere aber, der eigentlich dort hingehört hätte, darf sich seiner Freiheit erfreuen. So ist es mit uns Menschen auch.

8. Bis daß der Tod Euch scheide . . .

Die Predigt ist vorüber, der Pastor geht zum Altar und fordert das Brautpaar auf, zum Altar zu kommen. Gute Sitte ist es, wenn die Gemeinde in diesem Augenblick aufgefordert wird, sich ebenfalls zu erheben. Jetzt ist der Augenblick gekommen, wo Hans und Claudia miteinander vor Gott und vor dieser Gemeinde sich zu ihm und zueinander bekennen. Sinngemäß wird das Trauversprechen etwa so lauten: Vor Gott, dem Allwissenden, und in Gegenwart dieser christlichen Zeugen frage ich dich, Hans X., willst du diese Claudia, geborene Y., aus Gottes Hand zu deiner Ehefrau nehmen? Sie lieben und ehren, in Freud' und Leid sie nicht verlassen und den Bund der Ehe mit ihr heilig und unverbrüchlich halten, bis daß der Tod euch scheide? Danach wird die gleiche Frage im gleichen Wortlaut, nur mit ausgetauschten Namen, auch an Claudia gestellt werden. Beide aber werden nach der Frage jeweils zu antworten haben: Ja, mit Gottes Hilfe. Das vorangegangene Traugespräch wird wohl auch auf den Inhalt dieses Trauversprechens eingegangen sein. Es kann sein, daß dies eine ernste Frage an die Erwägung unserer beiden gewesen ist, ob sie sich kirchlich trauen lassen sollen. Gerade sehr verantwortungsbewußte und reife Brautpaare, auch solche, denen ihr christlicher Glaube viel bedeutet, fragen sich, ob sie ein solches Versprechen, das sie ihr ganzes Leben lang binden soll, wirklich ablegen können. Diese Frage ist kein Zeichen von mangelndem Glauben oder von fehlender Liebe. Sie ist vielmehr Ausdruck jener Lebensangst, die wir alle haben. Wer weiß denn schon, was morgen geschieht? So sind auch gerade in unseren Tagen theologische Überlegungen im Gange, ob und in welcher Form dieses Trauversprechen neu geformt werden solle. »Bis daß der Tod Euch scheide« ist zwar eine Formel, nach der schon Eltern, Großeltern und Urgroßeltern vor dem Altar sich gegenseitig vor Gott verpflichtet haben. Es darf aber nicht übersehen werden, daß sich viele Lebensumstände grundsätzlich geändert haben. Die Lebenserwartungen, die bei unseren Urgroßeltern noch um das 50. Lebensjahr herum lagen, liegen heute in der Mitte des 70. Lebensjahres. Die medizinischen Erfolge haben es – Gott sei es gedankt – zugelassen, daß die Geißel des Kindbettfiebers heute die werdende Mutter kaum noch bedroht. Neue und weithin gesündere Auffassungen über das Zusammenleben der Geschlechter schaffen neue Probleme. Dennoch – wir möchten daran festhalten, daß sich ein Paar in dieser Stunde unter den festen Vorsatz stellt: Mit dir allein und mit dir bis an mein Lebensende. Nur wenn zwei Menschen das voneinander wissen, können sie sich aufeinander verlassen. Nur dann müssen sie nicht bei jeder Auseinandersetzung Angst haben, daß der andere davonläuft. Nur dann werden sie wagen, immer mehr zu lernen, sich das zu sagen, was sie wirklich denken. Wer aber Angst haben muß, von dem anderen verlassen zu werden, der wird niemals eine freie, glückliche Ehe führen können. Für uns ist wichtig, daß die beiden Eheleute ja nicht nur einfach ihr Ja-Wort geben, sondern hinzufügen: Mit Gottes Hilfe. Das heißt selbstverständlich nicht, die Entscheidung auf einen sogenannten »lieben« Gott abschieben, der die Menschen aus ihrer Verantwortung entläßt. Wer überhaupt meint, christlicher Glaube mache von den täglichen Entscheidungen frei und fordere im Grunde nur dazu auf, die Hände in den Schoß zu legen und den »lieben« Gott einen guten Mann sein zu lassen, der schon alles bestens regeln werde, der flüchtet sich in eine falsche Religiosität und hat keine Ahnung von dem, was das Neue Testament über ein Leben in der Nachfolge Jesu Christi sagt. Wir haben schon die Verpflichtung, mit allen uns zu Gebote stehenden Mitteln, nicht zuletzt durch die ständige Erweiterung unserer Kenntnisse über Ehe, Eheleben und Eheführung unsere Zweisamkeit zu gestalten. Wer aber meint, dies alles bewahre ihn davor, schuldig zu werden, der gibt sich einer der großen Lebenslügen hin, die allerdings zu allen Zeiten modern und bequem gewesen sind. Keiner lebt, ohne schuldig zu werden. Keiner unter uns, der sich an den eigenen Haaren aus dem Sumpf herauszuziehen vermöchte. Keiner unter uns also, der nicht Gottes Vergebung und Liebe braucht, um seine Ehe und sein Leben zu gestalten.

Zusammenzubleiben in Freud' und Leid, in guten und in bösen Tagen, das erscheint einem Brautpaar an seinem Hochzeitstag unproblematischer. Aber auch dies wird oft recht schwierig sein. Freude und Leid können eine Ehe ebenso zusammenschmieden wie auseinandersprengen. Großer Berufserfolg, plötzlicher Reichtum können ebenso nachteilig sich auf eine Ehe auswirken, wie die schwere, langandauernde Krankheit eines Ehepartners oder berufliche Rückschläge. Wir werden im einzelnen in diesem Büchlein noch darüber sprechen. Aber die Stunde der Trauung kann eine große Hilfe dann sein, wenn eben diese Probleme auftauchen. Wenn man gemeinsam am Bett seines schwerkranken Kindes gestanden hat, der Arzt eben beim Hinausgehen angedeutet hat, daß er nun alles getan habe, was in seiner Macht stünde, dann könnte es sein, daß Hans und Claudia miteinander die Hände falten und plötzlich wissen, was es bedeutet, daß sie einst am Tage ihrer Trauung gemeinsam und schweigend den Weg zum Altar antraten.

Darum ist das nach dem Ja-Wort der Brautleute gebetete Fürbittengebet nur der Anfang dessen, was in einer Ehe miteinander geschehen sollte: Das gemeinsame Beten. Wer darunter allerdings nur das Aufsagen von Kinderversen versteht, wer meint, dies bedürfe einer bestimmten Zeit am Tage, etwa abends kurz vor dem Einschlafen oder morgens nach dem Erwachen; wer da meint, eine bestimmte Gebetshaltung oder sogar ein Raum sei dafür Voraussetzung, der hat vom Gebet noch nicht viel verstanden. Gewiß kann schon die Erinnerung an ein Gebet der frühen Kindheit eine Hilfe sein, jedoch der reife Mensch hat andere Formen, in denen er sich ausdrückt. Darum wird auch die Art, in der wir als reifer Mensch mit Gott reden, sich von der unterscheiden, mit der wir als Kinder den »lieben« Gott als den angesehen haben, der nichts anderes zu tun habe, als eben unsere Kinderwünsche zu erfüllen. So, wie wir auf allen Lebensgebieten weiterlernen müssen und im Beruf Schiffbruch leiden, wenn wir auf dem Wissensstand stehenbleiben, den wir bei der Schulentlassung hatten, so ist auch unser Glaube unnütz, wenn wir meinen, mit den Glaubensvorstellungen unserer Kindheit und Jugend Sorgen und Probleme unseres ganzen Lebens lösen zu können. Unsere Lebensanschauung reift ebenso, wie unser Glaube reifen sollte. So wie die Formen unserer Liebe, unserer Zuneigung und unserer Zärtlichkeit zueinander sich im Laufe unserer Ehe ändern, aber keineswegs abschwächen, so reift auch unsere Liebe und Zuneigung, unsere Verbundenheit und unsere Hingabe an Gott. Das aber muß praktiziert werden, wenn es im Leben eine Bedeutung bekommen soll. Was nützt es zu wissen, daß man einen Arzt anrufen könnte, ohne es zu tun? Was nützt es zu ahnen, daß es ein »höheres Wesen« gibt, ohne von ihm Näheres zu erfahren und ohne den Kontakt mit ihm aufzunehmen? Nur der Arzt, der gerufen wird, kann helfen. Nur der Vater Jesu Christi, zu dem unser Weg geht, ist der, der nicht unser blindes Schicksal ist, sondern der, der uns in Liebe und Güte in seiner Hand hält. Dort aber, wo am Ende des Tages sich zwei Hände finden und zwei Menschen – vielleicht wortlos – dafür danken, daß sie gemeinsam einen Tag verbringen durften, dort ist Ehe am innigsten. So wie die gemeinsame Wohnung erst der Anfang der großen ehelichen Gemeinschaft von Leib, Seele und Geist ist, die sich von Stunde zu Stunde festigen soll, so ist auch die Stunde der Trauung nur der Anfang eines gemeinsamen Weges hin zu Gott. Der Kreis junger Ehepaare in der Gemeinde, der gemeinsame Gottesdienstbesuch und die anschließende Diskussion über die Predigt, die Lektüre über ein Buch moderner christlicher Problematik hilft hierbei weiter.

Das gemeinsame Fürbittengebet hat aber noch eine andere Seite. Wir sprachen vorhin von den Menschen, die das Brautpaar in den Gottesdienst hineinbegleiten. Da sitzen sie nun alle: Die Eltern und die Großeltern vielleicht, die Freunde und die Bekannten, die netten und die schwierigen, die Neugierigen und die, die es wirklich mit Hans und Claudia gut meinen. Mit ihnen allen wird man leben müssen. Jetzt aber, wenn das Fürbittengebet für die beiden gesprochen wird, sind sie alle dabei, und das Vaterunser am Schluß, das sprechen sie laut oder leise alle mit. Da geschieht also plötzlich etwas sehr Seltsames und etwas sehr Wichtiges: Unterschiede, Gegensätze, Generationsprobleme zwischen Alt und Jung und die Berufsskala von oben und unten am Arbeitsplatz sind für einen Augenblick überbrückt. Nicht so, daß dies alles nun gegenstandslos geworden wäre, aber doch so, daß jetzt eine Brücke gefunden worden ist, über die man gemeinsam zu neuen Ufern gehen kann. Wer miteinander betet, kann auch miteinander leben. Beten ist kein Allheilmittel gegen Schwierigkeiten und soll Gegensätze sozialer, politischer und menschlicher Art nicht verkleistern. Beten ist aber eine Möglichkeit, um anders miteinander zu reden und zu handeln, als man es sonst tun könnte.

Am Schluß der Trauhandlung steht die Einsegnung des Paares. Nun knien Hans und Claudia auf den Stufen des Altares vor Gott, der ihr Leben in seiner Hand hat. Keinen Augenblick werden sie meinen, sie knieten vor dem Pastor oder vor der Kirche. Ihre äußere Haltung deutet nur diese letzte Wahrheit an, die besagt, daß wir Menschen auf die Gnade Gottes angewiesen sind in allen Situationen unseres Lebens. Hans und Claudia haben sich gegenseitig ihre Ringe angesteckt und sind wohl auch darauf hingewiesen worden, daß die Endlosigkeit des Ringes ein Symbol für die Endlosigkeit der Liebe Gottes ist, die Leben und Sterben überdauert. Nun fühlen sie die Hand des Pastors auf ihren Köpfen. Nichts anderes ist dies als ein Symbol der bewahrenden Gnade Gottes. Das Kreuzeszeichen, das über diesen beiden geschlagen wird, sagt aus, daß kein Mensch mehr das Recht hat, zwischen den beiden zu stehen oder vor ihnen herzugehen, als eben diese Liebe Gottes, der sich Claudia und Hans anvertraut haben. Dieses Kreuzeszeichen wird über ihnen stehen, wenn sie ihr Kind zur Taufe bringen, es wird über ihren Kindern geschlagen werden in der Stunde der Konfirmation, und es wird über ihnen und über uns allen geschlagen werden, wenn wir aus der einen Hand Gottes, die die Lebenden trägt, hinübergleiten in die andere Hand Gottes, die uns im Tode festhält.

Die Trauung ist vorbei, die Hochzeitsgesellschaft verläßt auf dem gleichen Wege, wie sie die Kirche betreten hat, gemeinsam das Gotteshaus. Auch dieser Weg ist ein Stück Symbol für das gemeinsame Leben. Keiner kann immer in der Geborgenheit und in der Stille bleiben. Stille und Geborgenheit sind die notwendigen Raststätten und sind Quellen für das Leben im Alltag. Wir brauchen das Ausruhen des Leibes und der Seele ebenso wie die Ruhe für unseren Körper. Dann aber müssen wir wieder hinaus an unsere Arbeit, in unser Leben und an die uns gestellte Aufgabe. Darum begleiten die Familie und die Freunde ebenso wie der Pastor das junge Paar auf dem Weg vor die Kirchentür. Sie werden hoffentlich diesen Weg noch oft gehen, unsere beiden, den Weg zur Stille und zur Sammlung in einen Gottesdienst und den gemeinsamen Weg aus solchen Stunden hinaus in die Aufgaben, die das Leben ihnen stellt. Die Trauung aber hat in einer einmaligen und besonderen Weise alles das zusammengefaßt und ihnen eröffnet, was Gottes Güte für sie in guten und in bösen Tagen bereithält. Darum also kirchliche Trauung.

Wenn wir von einer Reise nach Hause kommen, dann freuen wir uns darauf, an einem Abend alle jene bunten Fotos uns anschauen zu können, die bestimmte Augenblicke dieses Erlebnisses für immer festhalten. Wenn wir im Streß des Alltags unterzugehen drohen, dann kann es eine gute Sache sein, sich das Fotoalbum hervorzunehmen und sich noch einmal zu vergegenwärtigen, wie schön jene gemeinsamen Tage waren.

9. Und wozu das alles?

Kirchliche Trauung ist die Zusammenfassung alles dessen, was Gott mit den beiden Eheleuten vorhat und was diese beiden gemeinsam sich in ihrer Ehe aufbauen können. Die biblischen Lesungen können Richtschnur sein, die Gebete zeigen uns die Verbindung mit den Menschen um uns, Bibelwort und Segen machen uns deutlich, daß wir einen Weg zu gehen haben, auf dem Gott uns nicht allein läßt. Als sich Hans und Claudia gegenseitig ihre Liebe eingestanden und sich ihr Ja-Wort für die spätere Ehe gaben, wußten sie schon lange voneinander, daß sie sich liebhatten. Nun aber gibt es einen Augenblick, ja ein festes Datum und wohl sicher auch eine Uhrzeit, die sich den beiden eingeprägt haben, zu der Claudia ihrem Hans gesagt hat: Ja, ich hab' dich auch lieb. Eigentlich hat sich mit diesem Ja-Wort nichts geändert. Hans wußte schon vorher, wie es um Claudia stand, und Claudia wartete nur auf den Augenblick, um Hans ihre Zuneigung nicht nur zu zeigen, sondern sie ihm auch zu sagen. Aber immer dann, wenn es in der Verlobungszeit zu Schwierigkeiten kam, dann besannen sie sich wohl darauf, daß der eine zum anderen gesagt hatte: Ja, ich hab' dich lieb; ja, wir wollen heiraten. Wir brauchen in unserem Leben solche Augenblicke, auf die wir uns berufen können. Wir brauchen in allem Zweifel und in aller Angst, die uns überfällt, feste Punkte, an die wir uns erinnern können, um wieder sicher zu werden und um genau zu wissen, wie der andere zu uns steht. Ein solcher Festpunkt im Leben sind die kirchlichen Amtshandlungen der Taufe, der Trauung, der Konfirmation und auch die Stunde der Beerdigung. Nicht nur das Hochzeitsfoto zeigt es uns, sondern die Erinnerungen an diese Stunde, die sich so in unser Herz prägt, läßt uns nun von Gott her die Gewißheit wissen: Du läßt uns nicht allein. Kirchliche Trauung ist also nicht das Garantieversprechen Gottes, alles so in dieser Ehe gestalten zu wollen, wie Claudia und Hans es für richtig halten, aber es ist die große Zusage Gottes an diese beiden, daß Er sie im Leben und im Sterben, im Guten und im Bösen nicht allein lassen will. Von hier aus bekommen diese beiden nun vor Gott getrauten Brautleute die Gewißheit, daß diese Treue und Liebe Gottes wie ein großer Spiegel ist, in dem sie ihre eigene Liebe und ihre eigene Vergebung füreinander ablesen können.

EHE – EINMAL RUND UM DIE UHR

Schrille Wecker sollten von Staats wegen verboten werden. Sie läuten immer zu früh und zeigen meistens an, daß man etwas tun soll, was man zur Zeit gerade nicht möchte, nämlich aufstehen. Da helfen auch die modernen, geradezu zärtlichen Erfindungen nicht viel, die zunächst einmal leise zu wecken anfangen, um sich dann in immer stärkere Tonarten hinaufzusteigern. Manche meinen, es genüge, mit einem Schlag irgendwohin den Schreihals zur Ruhe zu bringen, aber plötzlich macht sich der innere Wecker bemerkbar, und die fehlenden 10 Minuten, die man so dringend zum gemeinsamen Frühstück noch gebraucht hätte, sind wieder einmal dahin. Für den Verlauf des Tages, für unsere Laune und vor allem auch für den Erfolg, den wir an unserem Arbeitsplatz haben, ist es sehr ausschlaggebend, wie wir die erste halbe Stunde des Tages verbringen. Aber nicht nur dies; für Hans und Claudia kann der Tagesablauf bis hin zum zärtlichen Abend davon beeinflußt werden, wie sie miteinander ihren Tag begonnen haben. Wir sollten uns viel Zeit zum gemeinsamen Frühstück nehmen. Vielleicht haben die Engländer in ihrem Land soviel erreicht und eine so herrliche Lebensatmosphäre auch dadurch geschaffen, daß ihnen über Jahrhunderte hinaus das Frühstück zur wichtigsten Mahlzeit geworden ist. Heinrich der VIII., König von England, hat vermutlich nur deshalb soviel Blut an seinen Händen, weil er als Träger gallischen Blutes niemals so richtig frühstücken gelernt hat . . . Die Stimmung am Frühstückstisch bestimmt den weiteren Tagesablauf, und der Schweizer Psychotherapeut Dr. Bovet hat recht, wenn er das Liebesspiel des Abends am Frühstückstisch mit Zulächeln und kleinen, flüchtigen Berührungen der Hände beim Anbieten des Brotes und der Marmelade beginnen läßt. Die Zeit, die wir darauf verwenden, so rechtzeitig aufzustehen, daß uns eine halbe Stunde zum gemeinsamen Frühstücken bleibt, zahlt sich schon darum aus, weil wir dann Nervenarzt und Beruhigungsmittel leichter aus unserer nächsten Umgebung verbannen können.

Hans schickt sich nun an, ins Büro zu gehen, Claudia fängt eine halbe Stunde später an. Kaum ist Hans zur Tür hinaus, klingelt das Telefon. Es ist am Morgen beinahe so unerträglich wie der Wecker, aber was hilft's? Claudias Mutter ist am Apparat und hat tausend Ratschläge für die junge Ehe bereit. Was es denn zum Mittagessen gäbe, ob sie auch darauf gesehen habe, daß Hans warme Unterwäsche angezogen habe und wie es denn mit ihrer Hautcreme stehe, ob sie diese noch regelmäßig anwende. »Als du noch bei uns zu Haus warst, habe ich immer dafür sorgen können, wer sorgt denn jetzt für dich?« Am liebsten hätte Claudia den Hörer in die Gabel geknallt, aber dann beherrschte sie sich doch. Zugleich spürt sie ein ganz merkwürdiges Gefühl in sich aufsteigen: Da hatte man sich all die Jahre darauf gefreut, endlich von zu Hause wegzukommen und jetzt, wo man alles allein entscheiden muß, und es doch viel mehr im Haushalt und in der Küche zu tun gibt, als sie sich das früher vorgestellt hatte, kann sie eine leichte Sehnsucht nach dem Elternhaus nicht immer unterdrücken.

10. Der erste Ehekrach

Außerdem hatte es gerade am gestrigen Abend den ersten »Knies« gegeben, und die Stimmung war noch immer leicht gespannt. Als sie den Hörer wieder auflegt, erinnert sie sich daran, daß Vater ihr am Tag vor der Hochzeit gesagt hatte: »Mein Kind, und wenn es schiefgeht, du weißt, die Tür deines Elternhauses steht dir immer weit offen.« »Na ja«, denkt Claudia, »das ist ja immer noch eine Möglichkeit.« Hätte doch Claudias Vater das nie gesagt! Väter können ihre Töchter im allgemeinen ebensowenig loslassen wie Mütter ihre Söhne. Wer aber seine Kinder wirklich liebhat, der lehrt sie, in die Freiheit zu gehen. Das kann nicht früh genug anfangen und bedeutet immer ein Stück Überwindung. Hans und Claudia werden das vermutlich mit ihren eigenen Kindern später auch einmal durchexerzieren müssen. Nun aber wird eine so gut gemeinte Äußerung wie die von Claudias Vater zum verhängnisvollen Beginn einer leichten Fluchtmöglichkeit aus der Ehe. Man könnte also doch . . . Als die beiden sich kirchlich trauen ließen, wurde ihnen das tiefe Wort aus dem Alten Testament gelesen: »Also wird ein Mensch Vater und Mutter verlassen und seinem Weibe anhangen, und werden die zwei sein ein Fleisch«. Hier sind zwei Grundsätze des Ehealltags ausgesprochen, die in keinem Augenblick vergessen werden dürfen. Die beiden Eheleute beginnen ein gemeinsames Neues. Das heißt nicht, daß sie vergessen sollten, was sie bisher geprägt hat, aber es heißt schon, daß sie einen schwierigen Prozeß der Ablösung vom Elternhaus zu vollziehen haben, der leider in manchen Ehen niemals ganz gelingt. Wenn Hans plötzlich beim Mittagstisch aufschaut und so nebenbei bemerkt, daß die Bratkartoffeln bei seiner Mutter immer sehr viel besser geschmeckt hätten und Claudia am Abend bemerkt, sie könne sich nicht erinnern, daß ihr Vater jemals schlechte Laune gehabt habe und unrasiert gewesen sei, dann sind das solche Zeichen einer noch nicht verarbeiteten Ablösung von zu Haus. Ablösung bedeutet aber mehr, als das Schielen in die Kindheit aufzugeben. So kann z. B. das erste gemeinsame Weihnachten des jungen Ehepaares deshalb schwierig werden, weil beide behaupten, wenn dieses oder jenes aus den Weihnachtsfesten ihrer Kindheit in ihrer neuen Ehe nicht Raum fände, sei es für sie gar kein Weihnachten. »Wenn unser Christbaum keine weißen Kerzen und Lametta hat, dann ist eben für mich nicht Weihnachten«, meint Claudia, und Hans erhebt dieselbe Forderung im Hinblick darauf, daß die Kerzen rot zu sein haben und Lametta auf den Baum überhaupt nicht gehöre.

Beide sind in der Vorstellung verhaftet, daß sie zwanghaft ein bestimmtes Ritual ihr ganzes Leben weiter abrollen lassen müßten, nur weil seit den Tagen ihrer Kindheit eben Weihnachten oder Geburtstag so und nicht anders vorstellbar gewesen sind. Ehe heißt eben in vielfältiger Hinsicht »ein Fleisch werden«.

Die gemeinsame Arbeit an der Ehe kann mit einem gemeinsamen Hausbau verglichen werden. Die drei tragenden Säulen sind dabei Leib, Seele und Geist. Der Idealfall wäre, daß alle drei Säulen gleich stark wären und darum in gleicher Weise als Stützpfeiler und tragende Fundamente eingesetzt werden könnten. Weil es aber nun keine idealen Ehepartner gibt, so gibt es auch keine idealen Ehen, auch wenn gelegentlich Familienmagazine der verschiedensten Art dies nicht wahrhaben wollen. Es ist selbstverständlich und gut, daß der tragende Pfeiler »Leib« bei einer jungen Ehe am besten entwickelt und ausgeprägt sein sollte. Darum sagen wir zu allem, was die leiblichen Beziehungen der beiden Ehepartner umfaßt, ein eindeutiges Ja. Sexualität und die so notwendigerweise umhüllende erotische Zärtlichkeit ist tragendes Fundament vor allem der jungen Ehe, wobei wir uns vor der falschen Meinung hüten wollen, als gäbe es irgendeinen Zeitpunkt der Ehe, in dem Sexualität keine Rolle mehr zu spielen brauche. Nur die Spielarten der Erotik ändern sich ebenso wie das sexuelle Verlangen im Lauf einer Ehe sehr verschiedene Stadien durchläuft. Darum ist es auch schlichtweg falsch, zu meinen, Sexualität habe nur in Verbindung mit der Zeugung eines Kindes ihr Recht. Die Feststellung der Bibel, daß Gott den Menschen als Mann und Weib geschaffen hat, sagt mit kurzen Worten, daß es Gottes heiliger Wille ist, den Menschen als ein zweigeschlechtliches Wesen über diese Erde gehen zu lassen. Darum ist alles, was mit der Verschiedenartigkeit der Geschlechter zusammenhängt, eine Sache, die unter Gottes Segen steht und dem Menschen als eine der schönsten Gaben Gottes anvertraut ist. Das ist in den Religionen außerhalb des Christentums keineswegs immer so. Es gab im Altertum eine Reihe religiöser Vorstellungen, in denen die Ansicht vertreten wurde, die Zweigeschlechtlichkeit der Menschheit sei eine Folge des Schuldigwerdens der Menschen. Manche Philosophen der Griechen und des Judentums haben gemeint, die Menschheit sei ursprünglich eingeschlechtlich geschaffen, und die Entwicklung zur Zweigeschlechtlichkeit sei eine Folge des Abfalls oder ein Rückgang des menschlichen Wesens überhaupt. Die Bibel redet an keiner Stelle so, wobei wir aber nicht verschweigen dürfen, daß leider die Christen in allen Jahrhunderten nicht genug Mut gehabt haben, die Freiheit zu verkündigen und zu leben, die insonderheit das Neue Testament der Geschlechtlichkeit einräumt. Wir können es uns schlechterdings heute nicht mehr vorstellen, was es für eine revolutionäre Tat gewesen ist, wenn der Junggeselle Jesus von Nazareth die beiden alleinstehenden Schwestern Maria und Martha aufgesucht hat, ohne sich dabei um das Gerede der Leute zu kümmern. Es ist für die damalige Zeit eine unfaßbare Tat gewesen, daß die erste Christengemeinde von Anfang an Frauen gleichberechtigt an ihren Gottesdiensten und Hausversammlungen teilnehmen ließ und der Frau gottesdienstliche Rechte zuerkannte. Gewiß hat die soziale Stellung der Frau bei einzelnen Aposteln, so z. B. bei Paulus, es dann verhindert, daß der durch Jesus erfolgte Durchbruch zu einer völligen Gleichstellung von Mann und Frau vor Gott sich in allen Lebensbereichen auswirken konnte. Aber wer auch heute als Tourist durch ein islamisches Land geht und sich dabei nicht auf die Hauptstraßen der großen Städte beschränkt, wird feststellen müssen, wie bis zur Stunde vom Islam die Stellung der Frau anders beurteilt wird, als es die Stellung der Frau im Christentum in allen Jahrhunderten gewesen ist.

11. Die Pille, oder was sonst?

So ist also die Frage, ob Geburtenregelung zu verantworten sei, für evangelische Christen längst gelöst. Sie ergibt sich daraus, daß Mann und Frau nach den Worten der Bibel *gemeinsam* aufgerufen sind, sich die Welt untertan zu machen. Beide gemeinsam tragen also Verantwortung für die Schöpfung und darum auch für den Nachwuchs. Beide gemeinsam entscheiden allein über den Zeitpunkt, ob und wann sie miteinander Kinder haben wollen. Welche Verhütungsmittel sie in ihre Überlegungen einbeziehen, entscheiden zunächst sie. Dazu ist es allerdings notwendig, gute Fachliteratur einzusehen und auf den Rat eines gerade auch für diese Fragen fachlich qualifizierten Arztes, Psychotherapeuten oder Seelsorgers zu hören. Nicht jedes Verhütungsmittel ist für jede Ehe in gleicher Weise zu empfehlen. »Die« Pille gibt es überhaupt nicht, sondern es gibt eine große Zahl ovulationshemmender Mittel, die im Sprachgebrauch ganz pauschal als Pille bezeichnet werden, deren einzelne Anwendbarkeit aber der Frauenarzt für jede Frau in der für sie passenden Zusammensetzung verordnen sollte. Gewarnt werden muß allerdings vor allen jenen empfängnisverhütenden Maßnahmen, die eine volle Freude und Entspannung beider Partner nicht mehr gewährleisten. Dazu gehört in erster Linie der Coitus Interruptus, der im Volksmund als »sich vorsehen« bekannt ist. Für das eheliche Zusammenleben gilt aber vor allem für junge Eheleute, daß auch hier nichts zur Schablone und zum zwanghaften Ritual werden darf. Die Freude aneinander wird erheblich gestört, wenn jedes Zusammensein in gleicher Weise verläuft. Schließlich werden wir auch davor zu warnen haben, daß die Ehepartner meinen, jeder Geschlechtsverkehr müsse für beide Teile in jedem Falle die volle Befriedigung (Orgasmus) erbringen. Persönliche Stimmungen, nervöse Abgespanntheit, unbewußte Einflüsse aus dem Tagesverlauf, alles das wirkt sich auch im ehelichen Leben aus. Die anscheinend so perfekte Liebestechnik, die uns in den letzten Jahren in Filmen und Zeitschriften angeboten worden ist, hat in einem nicht unerheblichen Maße zur Verunsicherung beigetragen. Die Sprechstunden der Eheberater weisen immer wieder Besucherinnen und Besucher auf, die nun meinten, sie könnten ihre Ehe nur dann auf dem körperlichen Gebiet als erfüllt ansehen, wenn sie solche Supermänner oder Superfrauen der Ehetechnik würden, wie sie in diesen Veröffentlichungen dargestellt werden. Ja, es sind aus unseren Sprechstunden Fälle bekannt, wo das eheliche Liebesleben nach dem Besuch solcher Filme erheblich gelitten hat. Wir sollten gewiß über die technischen

Dinge des ehelichen Lebens nicht abschätzig urteilen. Entscheidend aber für die Freude aneinander sind sie nur in einem bestimmten Maße. Junge Eheleute, die sich in einer langen Verlobungszeit schon körperlich kennengelernt haben, können gelegentlich die Erfahrung machen, daß es nun nach der Hochzeit plötzlich nicht mehr so »klappt«, wie es in der Verlobungszeit der Fall gewesen ist. Hier wird gegenseitige Geduld und vor allen Dingen absolute Offenheit notwendig sein. Verborgene Angstkomplexe bei der jungen Frau, die sich erst jetzt äußern, wo nach bürgerlicher Moralanschauung alles »erlaubt« ist, können hier plötzlich zum Durchbruch kommen. Es kann aber auch daran liegen, daß der Reiz des »Verbotenen« dahin ist, und die Eroberung des anderen Partners plötzlich nicht mehr so verlockend erscheint. In einem solchen Falle müßten sich beide Ehepartner fragen, wie sie eigentlich sich gegenseitig sehen. Dann nämlich, wenn sie sich vom Besitzdenken beherrschen lassen, wenn sie also meinen, der andere sei nun ihr Eigentum, mit dem sie tun und lassen könnten was sie wollen, kann sich solche oft unbewußte Haltung in einer vorübergehend nachlassenden Geschlechtslust äußern. Hier wird wieder der ganze, tiefe Hintergrund der Partnerbeziehung deutlich: Es ist eben nicht »meine« Frau oder »mein« Mann, sondern es ist der jeweils von Gott mir in den Arm gelegte Partner, für den ich dasein darf und der sich für mich hingibt. Dabei sollten wir auch alte Vorstellungen revidieren, wonach die sexuelle Aktivität ausschließlich vom Manne auszugehen habe. Mann und Frau sollten aufeinander in gleicher Weise zukommen und sich in gleicher Weise zu verstehen geben, wann sie körperliche Gemeinschaft wünschen. Das Wort von der ehelichen Pflicht sollte nicht nur aus unserem Wortschatz, sondern vor allem aus unserem Denken verschwinden. Es geht bei alledem nicht um eine Pflicht, sondern um eine große und tiefe Freude. Wo aber die eheliche Gemeinschaft nach irgendeiner Weise hin gefährdet oder nicht mehr beglükkend ist, sollten beide Ehepartner *rechtzeitig* sich fachlichen Rat holen. Unsere Eheberatungstellen, psychotherapeutisch orientierte Ärzte und eine Zahl von Pastoren, die sich eine pastoralpsychologische Zusatzausbildung erworben haben, stehen den Ehepartnern zur Verfügung. In unserer evangelischen Kirche wird jede Dienststelle des Diakonischen Werkes gern bereit sein, solche Namen zu nennen. Die Beratungen sind kostenlos und gegenüber jedermann unter dem Siegel totaler Verschwiegenheit.

Die Formen der sexuellen Zärtlichkeit werden sich – wir gehen noch näher darauf ein – im Lauf der Jahre in der Ehe ändern. Sie umfassen übrigens von Anfang an keineswegs nur den Genitalbereich. Das zärtliche Wort, die zärtliche Geste, der zärtliche Blick, der Kuß, die liebevolle Berührung, die mitgebrachten Blumen am Wochenende, die Erfüllung kleiner Wünsche, die der Ehepartner nur gerade so in einem Nebensatz einmal geäußert hat, alles das gehört hinein in das große Reich der Freude und in das notwendige zärtliche Vorspiel zur Vereinigung.

Weil aber Ehe eben nicht nur etwas ist, das die beiden Ehepartner angeht, sondern weil sie in vielfältiger Hinsicht im Auftrag Gottes an der Gestaltung der Schöpfung mitwirken soll, soll Ehe nicht ohne ernste Gründe kinderlos bleiben. Gewiß ist dies allein eine Entscheidung der beiden Ehepartner, aber wir wollen nicht verschweigen, daß eine kinderlose Ehe zwar niemals sinnlos ist, daß es aber eine ernste Frage an die letzte Erfüllung einer Ehe bedeutet, wenn Ehepartner aus äußerlichen Gründen der verschiedensten Art für die ganze Dauer ihrer Ehe eine Zeugung neuen Lebens verhindern.

Hans und Claudia hatten vor ihrer Ehe auch schon Freundinnen und Freunde. Die beiden sollten auch nicht meinen, daß mit der Heirat für Claudia jeder Mann und für Hans jede Frau von vornherein »ungefährlich« geworden seien. Gerade, weil unsere beiden gesunde junge Menschen sind, werden sie notwendigerweise von der erotischen Ausstrahlung des anderen Geschlechtes in der verschiedenartigsten Weise angesprochen. Jede unserer Begegnungen, die wir in der Alltagswelt haben, ist auch erotisch mitbestimmt. Männer verhalten sich Verkäuferinnen im Geschäft gegenüber anders als Verkäufern, und die Werbepsychologen wissen das. Frauen reagieren auf Behörden Männern gegenüber anders, als wenn Männer ein Formular abgeben. Das sind reale, nüchterne Feststellungen. Hans, der ja inzwischen in seinem Büro sitzt, wird also durchaus noch Blicke für die vom Minirock freigegebenen Beine seiner Sekretärin haben, und Claudia fällt es nicht immer leicht, sich einer Einladung ihres jungen Chefs zu einer Tasse Kaffee nach Dienstschluß zu entziehen. Beide sollten das voneinander wissen. Es ist darum Zeichen einer gesunden Ehe, wenn nach der Heimkehr von der Arbeit auch über solche Dinge unter den Eheleuten gesprochen wird. Wenn Claudia ihren Hans bittet, er möge seinen Freund Matthias nicht so häufig einladen, dann verdient sie von Hans wortlos einen kräftigen Kuß. Sie bringt damit nur zum Ausdruck, daß sie eine Frau ist und ihren Hans über alles liebt und ihm vertraut. Für Hans gilt natürlich den Freundinnen von Claudia gegenüber das gleiche.

Von den beiden übrigen Säulen, die das Haus der Ehe tragen, nämlich der des Geistes und der der Seele, sagen wir auf den nächsten Seiten mehr. Verfolgen wir jetzt erst einmal die Ehe rund um die Uhr weiter.

12. Gelten und gelten lassen

Es ist inzwischen Mittag geworden, und die Halbtagsarbeit von Claudia nähert sich dem Ende. Die Schreibmaschine zudecken, Stenoblöcke wegschließen, schnell noch einmal durch die Haare und um die Lippen fahren, und – der Weg in den privaten Teil des Lebens beginnt. Das Kochen am elektrischen Herd läßt den Gedanken freien Lauf. »Heute also muß ich Hans rumkriegen, den Kaufvertrag für den Wagen zu unterzeichnen. Meyers sind auch nicht länger verheiratet als wir und haben schon längst einen Wagen. Das Wochenende könnte auch viel gemütlicher werden und – man könnte dann doch mal schnell bei den Eltern reinschauen. Übrigens – ein neues Frühjahrskostüm brauchte ich auch und zwar sobald als möglich. Schließlich ist es ja doch auch mein Geld, das wir verdienen, und Hans sollte da nicht so kleinlich sein. Was der in letzter Zeit so für seine Zigaretten ausgibt und für die teuren Tribünenplätze auf dem Fußballplatz, ist eigentlich eine ganze Menge.«

So denkt also Claudia, und ohne es zu wollen denkt sie sich in eine nette kleine, aber gar nicht ungefährliche Aggression gegen ihren Hans hinein. Heute – so meint sie – muß diese und jene Entscheidung unbedingt fallen. Als Hans dann nach Hause kommt, ist ihr Schlachtplan fertig. Was sie nicht so ganz einkalkuliert, ist die Tatsache, daß auch bei Hans ein Gedankenmechanismus abläuft. Der Arbeitsplatz ist insofern für ihn von größerer Bedeutung, als er ja sich nicht dem Gedanken hingeben kann, dem Chef den Kram vor die Füße zu schmeißen, wenn ihm etwas nicht paßt. Er weiß genau, daß er auch dann berufstätig wird sein müssen, wenn seine Frau in der Berufstätigkeit einmal eine Pause einlegt. Er weiß auch ganz genau, daß man den Arbeitsplatz zwar heute noch ohne allzu große Schwierigkeiten wechseln kann wenn man jung genug ist, daß aber der Neueinstieg in einen anderen Betrieb einen zunächst immer auf die unterste Stufenleiter versetzt. Das gilt im Umgang mit den Kollegen auch dann, wenn man – wie es so schön heißt – eine Stufe hinaufgefallen ist. Der »Neue« ist man zunächst immer und überall. So ist also die innere Einstellung bei seinem Nachhauseweg nicht die gleiche wie die Claudias. Da ist zunächst der Ärger mit den Kollegen. Wir sollten allen Hänsen anraten, in verärgerter Stimmung zuerst noch einmal einen Umweg zu machen. Ein Zehn-Minuten-Umweg, der allerdings vorher in die Essenszeit zu Hause einkalkuliert sein muß, lohnt sich immer. Hans kommt viel entspannter und beruhigter nach Hause, wenn er erst einmal den dicksten Ärger auf dem Nachhauseweg im Zwiegespräch mit sich selbst losgeworden ist. Es schimpft sich so schön, wenn der andere, den man meint, nicht dabei ist . . . Übrigens war es mal heute wieder ein wilder Tag. Das Telefon stand nicht still, und man sollte immer tausend Dinge auf einmal tun. Hoffentlich würde es jetzt einen ruhigen Feierabend geben, so jedenfalls meint Hans. Als sich Hans auch noch daran erinnert, daß am späten Abend eine Fernsehübertragung eines Fußballspieles stattfinden wird, ist seine Laune schon wieder erheblich verbessert. Nur – er steht in der Gefahr zu vergessen, daß Claudia sich über den Rest des Tages auch schon ihre Gedanken gemacht hat. So wird das Heimkommen zu einem spannenden kleinen häuslichen Krimi. Jeder versucht – unbewußt oder bewußt – die Vorstellungen durchzusetzen, die er für den Rest des Tages hat. Claudia möchte gern so schnell als möglich ihre Wünsche und Ideen vorbringen. Hans hingegen möchte sein Programm abrollen lassen, ist aber sicherlich nicht prinzipiell dagegen, wenn es im weiteren Verlauf des Abends zu Zärtlichkeiten kommt. Aber – so meint er – alles zu seiner Zeit. Natürlich spüren die beiden nicht, daß sie gerade dabei sind, das Spiel zu spielen, das sie in Gedanken vor ihrer Eheschließung schon miteinander gespielt haben: Ich kriege dich schon noch hin. Darum sind sie auch sehr erstaunt, daß aus dem schönen Abend, den sich beide vorgenommen hatten, nichts wird. Überfällt nämlich Claudia ihren Hans jetzt unmittelbar beim Essen oder gleich danach mit ihren Wünschen, dann wird sie eine ebenso schnelle Abfuhr erfahren, wie Hans auf eine bitterböse Miene stoßen wird, wenn er darauf hinweist, er sei zur Erörterung aller dieser Fragen viel zu müde, und außerdem wolle er jetzt endlich sich das Länderspiel ansehen. Claudia kann nur spitz antworten, daß sie dazu ja wohl nicht geheiratet habe, und auf das von ihr vorbereitete Essen verweisen und einfließen lassen, daß sie schließlich ja auch müde und berufstätig sei. Ein mittlerer Ehekrach ist im Anzug, und nützen tut er beiden nichts. Der Fachmann sieht diese Situation so: »Herrschsucht, übergefügige Anpassung, destruktive Kritik und irreale Vollkommenheitserwartungen sind einige der entscheidenden Behinderungen im Zusammenleben von Mann und Frau, insbesondere in dem großen Lebensbereich, in dem es um Selbstbehauptung und Einordnung geht. Sie verhindern das Miteinander und lassen das Gegeneinander oft zum Dauerzustand werden«. (Anneliese und Franz Heigl-Evers: Gelten und Geltenlassen in der Ehe, S. 31)

Betrachten wir die ganze Sache ein wenig vordergründiger: Menschen, die von der Arbeit nach Hause kommen, sollten zunächst einmal sich so verhalten wie Fische im Aquarium. Sie sollten für ein paar Augenblicke jeder seine Ecke aufsuchen und sich entspannen. Ob man das für 20 Minuten mit der Zeitung vorm Gesicht tut, ob man einen Aperitif zu sich nimmt, ob man zunächst einmal gar nichts sagt, oder ob man im Keller Holz hackt, das ist Sache des jeweiligen Temperamentes. Was aber nicht geschehen sollte, ist dies: Den anderen mit seinen Sorgen unmittelbar nach Rückkehr vom Arbeitsplatz überfallen. Claudia und Hans sollten erst eine Ruhepause einlegen. Dann erst wird gegessen, dann erst wird problematisiert und dann wird das weitere Programm des Abends festgelegt, wenn es nicht – was viel besser wäre – schon am Tag vorher geplant worden ist. Ein Löwenwärter im Zoo wurde einst von einem Besucher gefragt, wie er es denn schaffe, mit den Tieren so umzugehen, daß sie immer freundlich wären. Seine Antwort war: Gut füttern muß man die Bestien. Wir sind zwar nicht der Meinung, daß Claudia und Hans als Bestien bezeichnet werden könnten, aber die Entspannung beim gemütlichen Abendbrot, die von keinen schwerwiegenden Problemen belastet wird, dürfte eine gute Sache sein. Für Frau Claudia wird es zu den großen fraulichen Weisheiten gehören, warten zu können, um den richtigen Zeitpunkt und die richtige Art abzupassen, ihre Wünsche vorzubringen. Für Herrn Hans wiederum lohnte sich die Überlegung, was sich denn alles nicht nur bei ihm, sondern auch bei seiner Frau im Laufe des Tages so angesammelt hat, um Verständnis für die Wünsche der Frau aufzubringen. Allerdings muß nun sehr illusionslos gesagt werden, daß die biologischen Unterschiede zwischen Mann und Frau nicht die einzigen Unterschiede zwischen den beiden sind. Zwar wollen wir uns ernstlich hüten, das sogenannte »typisch Weibliche« oder das sogenannte »typisch Männliche« irgendeinem unserer Ehepartner anzudichten.

13. Typisch männlich – typisch weiblich?

Es gehört zur Märchenwelt der vergangenen Zeit, den Mann mit den Prädikaten planend, forschend, nüchtern, kühl und die Frau mit der Vorstellungswelt: gefühlsbetont, sinnlich, ahnungsvoll, hingebend kennzeichnen zu wollen. In jedem Mann ist das sogenannte Weibliche und in jeder Frau das sogenannte Männliche zu einem viel größeren Teil enthalten, als wir noch bis vor kurzem wahrhaben wollten. Es ist vielmehr die soziale und die berufliche Prägung, die Claudia und Hans seit den Tagen ihrer Kindheit verschieden reagieren lassen. Weil Hans seit seinen Kindertagen zu hören bekam, es sei »unmännlich« zu weinen und Claudia ebensooft zu hören bekam, sie solle sich doch nicht wie ein »wilder Junge« benehmen, haben sich bestimmte Verhaltensmuster eingeschlichen, die zumindest noch die heutige Generation zur Kenntnis nehmen muß. Wollen wir hoffen, daß sich solche Klischees in Zukunft immer mehr verflüchtigen; zur Zeit jedenfalls bestehen sie noch. Das bedeutet für unsere beiden, daß Hans auf die vielen Wünsche und Vorstellungen von Claudia vermutlich wortlos Papier und Bleistift nimmt, um sich das alles einmal durchzurechnen. Schon das macht Claudia wütend! Du mit deiner verfluchten Federfuchserei! Das Geld wird schon stimmen, und schließlich – es ist ja auch mein Geld. Wer hat recht? Natürlich beide! Sie wissen es nur noch nicht voneinander. Sie tragen das Erbe ihrer Kindheit an sich und nicht nur dies, sondern das ihrer jeweiligen Geschlechtsgenossen von vielen Generationen. Aber – sie können sich verstehen lernen. Im Laufe der Zeit wird Claudia wissen, wann sie was sagen kann, und Hans wird wissen, wann er was tun kann. Claudia sollte nicht soviel auf den Tribünenplatz beim Fußball schimpfen, sondern lieber einmal auch dann mitgehen, wenn sie gar kein Interesse hat für Fußball. Hans sollte das neue Kostüm am dienstfreien Nachmittag miteinkaufen, auch wenn er bei dem Gedanken, von Geschäft zu Geschäft ziehen zu müssen, schon kribbelig wird. Notwendig aber ist es für beide, daß sie ihre jeweiligen Interessensphären kennen und achten.

Das Essen ist vorüber, und Hans hat hoffentlich zu erkennen gegeben, daß es ihm gut geschmeckt hat. Schließlich hat Claudia ja für ihn gekocht, und männlicher Egoismus, der jahrzehntelang die Bemühungen der Frau zur Kenntnis nimmt, ohne auch nur mit einem Wort darauf einzugehen, zerrüttet die Ehe unter Umständen dadurch schwerer, als durch eine sogenannte »Eheverfehlung«. Dabei tut ein einzelner Satz oder eine Streichel-Einheit, verbunden mit einem lieben Kuß mehr, als langes Reden. Dann aber wird's kritisch: König Fernsehen will herrschen! Wenn nicht am Wochenende eine Programmkonferenz zwischen Claudia und Hans über die Auswahl der jeweiligen Sendungen stattgefunden hat, sollte sie spätestens jetzt erfolgen. Aber – schließlich haben die beiden ja nicht geheiratet, um sich am Fernsehen müde zu sehen. Es gibt Schöneres und Wichtigeres in einer jungen Ehe, als miteinander in die Röhre zu starren. Claudia und Hans sollen sich Zeit für das Liebhaben nehmen ... Auch hier ist jede Reglementierung nach bestimmten Tagen oder nach der Zahl der gemeinsamen Zusammenkünfte töricht. Wenn Luther auch noch den Ratschlag gegeben hat, daß »zweimal in der Woche« die beste Norm sei, so geht es auch Vater Luther nichts an, sondern ist eine Sache, die Claudia und Hans ganz allein für sich entscheiden müssen. Der Ablauf des Tages vom

Kaffeetrinken an wird ausschlaggebend dafür sein, wie der so wichtige Teil im Schlafzimmer nun verläuft.

Wir wollten hier noch von den tragenden Ehesäulen Geist und Seele reden. Sie sind unseren beiden viel weniger bewußt als die Leiblichkeit. Aber sie sollten doch vorhanden sein: Wenn Hans politisch interessiert ist und Claudia von SPD und CDU nicht mehr weiß als die Tatsache, daß es sich hier um politische Parteien und nicht um zwei Marmeladensorten handelt, dann ist die Prognose für das geistige Verstehen nicht gerade günstig. So was aber läßt sich nachholen. Wenn Claudia nach einem Beethovenkonzert innerlich zutiefst erregt ist, Hans aber nichts anderes verspürt, als den Wunsch möglichst schnell im nächsten Lokal hinter einem großen Steak zu verschwinden, kann es auch hier zu Problemen kommen. Die Kommunikation geistiger und seelischer Interessen wird sich im allgemeinen in der Ehe erst entwickeln müssen. Aber beide Ehepartner täten gut daran, für diese Entwicklungshilfe gegenseitig etwas zu tun. Wenn nämlich einmal die körperliche Freude aneinander Formen annimmt, die sich nicht mehr vordringlich auf die Vereinigung beziehen, dann kommt dem geistigen und seelischen Verstehen eine neue, sehr wichtige Rolle zu. Die Ehestatistiken zeigen uns eine besonders hohe Scheidungsquote nach dem 3. Ehejahr und nach der Silbernen Hochzeit. Im ersten Falle werden wir sexuelle Schwierigkeiten vermuten können, im zweiten Falle wird es das mangelnde Verständnis für die seelische und geistige Gemeinsamkeit sein. Gut ist es also, wenn Hans und Claudia auch immer wieder sich fragen, welche neuen Erlebnisse sie sich gemeinsam schaffen können. Ob das Theaterbesuche sind, gemeinsamer Besuch einer Vortragsreihe in der Volkshochschule, gemeinsames Musizieren in einem Chor oder einer Instrumentalgruppe, gemeinsame Teilnahme an einer politischen Veranstaltung auch gerade dann, wenn Claudia und Hans verschiedene politische Meinungen haben; alles das sind wichtige Bausteine für die eine Ehe tragenden Säulen Seele und Geist. In diesem Zusammenhang soll aber noch einmal auch auf die vielen Kreise junger Ehepaare hingewiesen werden, die sich heute in den Kirchengemeinden gebildet haben. Gemeinsame Diskussionsabende, Referate, aber vor allem auch Wochenendfreizeiten, zu denen nicht selten die kleinen Kinder mitgebracht werden können und wo der Austausch der Meinungen und der gegenseitigen Sorgen besonders intensiv ist, können vor allem für solche jungen Ehepaare eine Hilfe werden, bei denen aus Berufsgründen vielleicht ein Ortswechsel nach der Eheschließung nötig war. Weil für solche Entschlüsse immer auch Beziehungen eine Rolle spielen, die man mit seiner Umwelt hat, soll im nächsten Kapitel darüber nachgedacht werden.

Ja, wenn wir so leben könnten . . ., aber wir haben nun einmal keine Privatinsel irgendwo im Stillen Ozean, sondern wir leben in Mietshäusern, wir arbeiten in Büros oder Fabriksälen, wir haben Eltern und Schwiegereltern, wir haben Geschwister und unsere Freunde. Alle diese Beziehungen wirken in eine Ehe hinein. Gelegentlich versucht ein junges Ehepaar, möglichst alle Beziehungen aus der früheren Zeit mit mehr oder weniger Krampf abzubrechen. Auch wenn so etwas scheinbar gelingt, ratsam ist es in keinem Fall. Es wird sich von selbst ergeben, daß aus den neuen Interessen der beiden sich neue Freundschaften entwickeln und Bindungen, die man aus früherer Zeit zu Menschen und Gruppen hatte, sich abschwächen. Alles das aber sollte man sich entwickeln lassen und nicht mit einem Kraftakt nach irgendeiner Seite provozieren wollen. Festzustellen bleibt aber, daß unsere Umgebung uns sowohl Freude als auch Sorge, ja Ärger bereiten kann. Ebensowenig, wie wir auf einer Insel leben, leben wir im Paradies. Bei Claudia im Büro wird es ein paar junge Männer geben, die meinen, sie sollten nun erst recht das »schöne« Spiel spielen und versuchen, ob man die junge Ehefrau nicht doch »rumkriegen« kann. Es hat ja leider für manche Menschen einen besonderen Reiz, das Glück anderer kaputtzumachen. Nicht erst die Tiefenpsychologen können für die Hintergründe eines solchen Spieles Beachtliches beitragen, sondern die alte Geschichte der Bibel, wo eine Schlange es fertigbringt, zwei Menschen – Adam und Eva – nicht nur gegeneinander aufzuhetzen, sondern auch von ihren letzten Beziehungen loszulösen, sollte uns einiges zu denken geben. Es ist eben nicht der Weisheit letzter Schluß, von »allen Bäumen im Garten« zu essen, sondern es ist ein Zeichen der Reife und der Lebensklugheit, im Erwachsenenalter nicht mehr jene Spiele zu spielen, die in der Tanzstundenzeit soviel Spaß gemacht haben. Claudia und Hans sollen weder eine Bilderbuchehe führen, noch sollen sie die resignierende Gelassenheit des Alters zur Schau tragen, wenn sie mit ihren Freundinnen oder Freunden zusammen sind. Aber sie müssen sich klarmachen, wie hoch der Einsatz bei jedem Flirt jetzt ist und was sie verspielen können: Das Paradies der gegenseitigen Geborgenheit. Es gibt in der Ehe keine Spiele ohne Grenzen, sondern es gibt nur einen Raum, innerhalb dessen man gemeinsam und in Verantwortung voreinander sich seinen Freundes- und Bekanntenkreis so zusammenbaut, daß er ebenso anregt wie entspannt, ebenso zu fröhlicher Beschwingtheit wie zu ernstem Nachdenken hinführt.

Nun haben aber Hans und Claudia nicht nur gemeinsame Bekannte, sondern sie sind auch in der Arbeitswelt jeden Tag gezwungen, sich mit Menschen auseinanderzusetzen, mit ihnen zu leben und mit ihnen zusammenzuarbeiten, die der andere Ehepartner nur selten persönlich kennt. Er erfährt nur von ihnen, wenn es Krach gegeben hat. Nicht immer wird das Gespräch, das dann im Betrieb geführt worden ist, richtig wiedergegeben. Nicht deshalb, weil Claudia ihrem Hans etwas vormachen will oder weil Hans sich zu Hause als starker Mann aufspielen möchte, sondern weil die eigenen Gefühle und die unbewußten Regungen hinterher die Realität gelegentlich überfluten. Wer ein wenig versteht, mit dem anderen so zu reden, daß diesem die Entscheidung nicht abgenommen wird, wohl aber dieser zu einer eigenen Entscheidung kommen kann, hilft Spannungen abbauen und neue Atmosphäre schaffen. Nicht nur, weil wir meinen, daß dies eine entscheidende Aufgabe der Christen in der Welt sei, sondern weil wir alle ein Stück von Claudia oder von Hans in uns tragen, sei nun versucht, das an einigen praktischen Fällen aufzuzeigen:

14. Streiten kann man lernen

Claudia: Du willst doch nicht etwa mit diesem unmöglichen Anzug ins Büro gehen? Was sollen denn die Leute von dir denken.

Hans: Wie oft soll ich dir noch sagen, daß es mir völlig gleichgültig ist, was die Leute von mir denken.

Claudia: Aber Hans, das geht doch nicht, schließlich hast du deine neue Stelle gerade erst bekommen, bist noch mitten in der Probezeit und mußt ganz besonders auf dich Rücksicht nehmen.

Hans: Wenn der Alte mich eben nicht haben will, soll er mich rausschmeißen. Schließlich bin ich auch kein dummer Junge mehr. Zum Affen lasse ich mich noch lange nicht machen.

Claudia: Ach Hans, das hast du schon bei der letzten Stelle gesagt und hast dir ja mit dieser Ansicht schon manches verdorben. Kannst du dich nicht einmal im Leben auch nach den anderen richten? Ich muß das doch auch.

Hans: So was können auch bloß Frauen sagen. Hast du eigentlich einen Mann heiraten wollen oder einen Hampelmann? Da hättest du eben den Uwe heiraten sollen, der kann katzbuckeln, ich aber nicht.

Hans wirft die Flurtür hinter sich zu, und Claudia bleibt mit ihren Tränen allein zurück.

Was ist hier geschehen? Schaun wir uns dieses kleine Gespräch einmal näher an. Zunächst war die Ausgangssituation recht unglücklich. In einer Streßsituation, also in dem Augenblick kurz vor Aufbruch an die Arbeitsstätte, sollten solche Gespräche überhaupt nicht geführt werden. Auch die Lebenssituation war einem solchen Thema nicht gerade günstig. Mit Sicherheit ging Hans in diesen Wochen der Probezeit mit recht gemischten Gefühlen an seine Arbeit, und es steht zu vermuten, daß er die Auseinandersetzung in der früheren Tätigkeit innerlich noch nicht recht verwunden hatte. So wäre es für Claudia der Mühe des Überlegens wert gewesen, ob dieser Familienkrach um den »unmöglichen Anzug« eigentlich lohnt. Aber auch Claudia fühlt sich an einer recht verletzlichen Stelle getroffen. »Ihr Frauen«, das ist ja ein Vorwurf, in dem die Stellung von Hans den Frauen gegenüber recht deutlich zum Ausdruck kommt. Auch der Hinweis auf Uwe scheint Narben aufbrechen zu lassen, die aus dem Vorleben von Claudia stammen. Wenn schon ein solches Gespräch geführt werden *muß*, dann könnte es vielleicht so aussehen:

Es ist nach dem Abendbrot, beide sitzen sich gegenüber. Der Fernseher ist noch nicht eingeschaltet, und Hans hat sich eben genießerisch seine Pfeife angesteckt.

Claudia: Hans, wenn ich mir das nächste neue Stück kaufe, dann sollten wir aber auch einmal an einen Anzug für dich denken. Es entspricht doch deiner neuen Stellung besser, gut angezogen zu sein.

Hans: Ach, meinst du wirklich? Du weißt doch, daß ich auf solche Äußerlichkeiten nicht viel gebe.

Claudia: Du hast auch recht, wenn du meinst, daß es mehr auf das Innere und mehr auf das Können ankommt als auf die Schale. Aber das eine ist nun mal nicht ohne das andere, und schließlich kann dir nicht jeder gleich dein Können ansehen.

Hans: Vielleicht hast du recht, aber im übrigen kennst du mich ja: Der Alte kann mich ja wieder rausschmeißen, wenn er mich nicht braucht.

Claudia: Ich kann ganz gut verstehen, daß es dir immer noch nachgeht, wie ungerecht der letzte Chef dich behandelt hat. Aber inzwischen hat sich ja so vieles geändert, und schließlich brauchst du ja jetzt deinen Ärger nicht mehr allein zu tragen. Wir können ja miteinander den Ärger bereden, den wir so den Tag über haben. Mir hängt's auch manchmal zum Hals raus, wenn ich meinem Chef gegenüber immer ein freundliches Gesicht machen muß.

Hans: Manchmal scheint ihr Frauen doch ehrgeiziger zu sein als wir Männer. Aber du wirst dich schon damit abfinden müssen, daß du einen Mann geheiratet hast, der sicherlich nicht so schnell Karriere macht.

Claudia (lächelnd): Ach, du denkst natürlich wieder an Uwe. Sie steht auf, gibt ihrem Hans einen Kuß und sagt dazu: Ach du lieber, dummer Schatz, du weißt doch, daß das längst vorbei ist. Der Abend beginnt zärtlich zu werden ...

Die Franzosen sind zwar von Natur aus höflich, aber es hat sicherlich noch andere Hintergründe, wenn sie die Schwiegermutter – eine so vorbelastete Bezeichnung – die »schöne« Mutter nennen (la belle mère). Oder meinen Sie, daß sie nur ein Problem verniedlichen? Denn ein Problem ist sie schon, daran besteht kein Zweifel. Es ist menschlich, daß wir lieber behalten als hergeben. Die Weisheit der Bibel, wonach Geben seliger als Nehmen ist, kann zwar jeder in seinem Leben erfahren, aber es bedarf dazu eines schweren Entschlusses. Lebensumstände, Lebenserfahrungen, die Tatsache, daß mit dem Älterwerden auch die Einsamkeit als drohende Angst in einem aufzusteigen beginnt, das alles trägt mit dazu bei, daß der »Verlust« einer Tochter oder eines Sohnes auch dann von den Eltern empfunden wird, wenn man sich über den Ehepartner seines Kindes aufrichtig freut. Es ist ein zwiespältiges Gefühl, das alle Braut- und Bräutigamseltern überkommt, wenn sie dem Hochzeitstag entgegendenken. So kann es schon passieren, daß Hans seiner Claudia droht, er werde beim nächsten Besuch die Schwiegermutter hinausschmeißen. Er spürt ganz richtig, daß seine Claudia nach dem schwiegermütterlichen Besuch anders ist als sonst, daß der Besuch mehr eine Visitation als eine Visite ist, und hat ein sehr helles Gehör dafür, wenn Schwiegermutter mit einer Mischung von Freude und Neid meint: »Na, als wir so jung waren, hatten wir dies oder jenes noch nicht. In unserer Zeit, da verdiente der Mann den Unterhalt für die Familie allein und war stolz, wenn er möglichst viel nach Hause bringen konnte. Ich kann mich auch nicht erinnern, daß mein Mann abends noch mal weggegangen ist, wir gingen immer nur gemeinsam aus.« Solche und ähnliche Bemerkungen, die keineswegs immer bös gemeint sind, aber doch in jedem Fall aus einer Gesellschaftsordnung und aus einer Welt stammen, die nicht mehr die unsere ist, können von Hans nur als feindselig empfunden werden. Außerdem hört sein Unterbewußtsein mit. Der Ton der Schwiegermutter ähnelt so sehr den Vorwürfen, die die eigene Mutter ihm machte, weil er kein Abitur gebaut hat, und plötzlich erinnert er sich auch daran, was er bei seiner Mutter alles nicht durfte. Wie sie ihn beschützte und behütete, wie sie ihn durch ihre übergroße Liebe oft so ängstlich machte, daß er sich keinen Schritt nach vorn getraute, und wie er ihr so gern einmal die Meinung gesagt hätte, es aber nicht durfte, weil er sonst einen tagelangen Hauskrach durchzustehen gehabt hätte. Was will die fremde Frau eigentlich? fragt sich

Hans immer wieder. Schließlich ist doch Claudia jetzt meine Frau und schon längst kein kleines Kind mehr. Man könnte Hans eine ganze Reihe wichtiger und guter Dinge erwidern. Vor allem aber sollte man ihn bitten, nicht zu untersuchen, *was* seine Schwiegermutter in diesem oder jenem Augenblick gesagt hat, sondern man sollte versuchen, Hans klarzumachen, *warum* die Schwiegermütter zu allen Zeiten und in allen Ehen sich im Grunde ihres Herzens so verhalten, wie es eben Claudias Mutter tut: Nicht weil sie die Ehe bewußt zerstören will, nicht weil sie Hans herabsetzen will, sondern eben weil sie eine lange Zeit braucht, ehe sie den Weggang von Claudia aus dem Elternhause innerlich verarbeitet hat. Vielleicht war Claudia so häufig eine Waffengefährtin im täglichen Kleinkrieg gegen den Vater; vielleicht erinnert die Tatsache, daß es Claudia überhaupt gibt, an die ersten, so glücklichen Ehejahre und an das Eheklima, das in der Ehe von Claudias Mutter in den Tagen von Zeugung und Geburt ihre Ehe geprägt hat. Wenn Hans sich diese Hintergründe einmal verdeutlicht hat, dann wird er seine Schwiegermutter besser verstehen und vor allem leichter ertragen können. Bei Claudia sind es nicht so sehr die Eltern von Hans, als vielmehr dessen riesiger Freundeskreis, der meistens unangemeldet mit großer Lautstärke gerade dann einfällt, wenn sich Claudia auf einen besonders netten Abend mit ihrem Hans gefreut hatte. Hier ist Claudia zunächst erst einmal rechtzugeben. Unangemeldeter Besuch, zumal am Wochenende, ist tatsächlich in den meisten Fällen eine ernste Belastung und alles andere als erfreulich. Gerade, wer ein junges Paar besucht, sollte prinzipiell nicht unangemeldet erscheinen. Warum aber kommen dann die Freunde, die zum Teil ja selbst jung verheiratet sind und es auch bei ihrem letzten Massenauftritt in Claudias Wohnung gespürt haben, daß die Herzlichkeit, mit der sie empfangen wurden, nicht gerade überwältigend gewesen war? Im Grunde geschieht hier das gleiche wie beim Besuch von Claudias Mutter: Hans ist aus einem Kreis ausgebrochen, der ihn völlig vereinnahmt hatte. Hans hat sich in diesem Kreis wohlgefühlt. Es ist sein Sportverein. Mit diesen Männern verbindet ihn mehr als das gemeinsame Bier, das im Clubhaus nach dem Training getrunken wurde: Die gemeinsame Spannung vor einem Punktspiel, die Sportkameradschaft auf dem Feld, das Einstehen füreinander und die nicht zu unterschätzenden harten Entbehrungen, die ein Sportler im Training dann auf sich nehmen muß, wenn er zusammen mit seinen Mannschaftskameraden wirklich etwas erreichen will. Hans war vor seiner Verlobung ein unersetzbarer Spieler gewesen. Beim Training fehlte er nie, und beim Spiel war auf ihn Verlaß. Mit der Verlobungszeit änderte sich das schon. Es konnte schon einmal passieren, daß er verspätet oder gar nicht zum Training kam, und mit einiger Mühe nur war er zu überreden, am Sonntag regelmäßig zu spielen. Natürlich verstanden das die Freunde. Sie hatten auch ihre Freundinnen oder waren selbst auch verlobt. Aber jedes Aufeinanderzugehen der Geschlechter verläuft anders, jede Ehe ist von anderen Gesetzen geprägt. War denn der Hans im Begriff, unter den Pantoffel zu kommen? Mußte man es nicht gerade der jungen Frau in den ersten Wochen deutlich machen, daß erst der Sportverein zu kommen hat und dann noch einmal der Verein und dann – warum auch nicht – die Ehe zu Haus? Ist das noch unser »alter Hans«, der dem ganzen Verein überhaupt erst die Seele gab? Schließlich kann man sich ja so etwas nicht bieten lassen! Vielleicht haben sie es nicht so deutlich gesagt und auch nicht so deutlich gedacht. Aber empfinden tun sie es so, die Freunde. Und Hans? Ach, das ist eine schwierige Sache. Auf der einen Seite möchte er seiner Ehe den Vorrang zugestehen. Auf der anderen Seite aber verbindet ihn soviel mit den Kameraden aus dem Verein und wird er innerlich soviel los, wenn er trainiert oder im harten Einsatz kämpft, daß es eigentlich für Claudia nur gut wäre, wenn er das in einer seiner Ehe nicht abträglichen Form auch weiterhin noch täte. Nun ja, offen sagt ja Claudia auch gar nichts gegen das Fußballspielen, aber ihre Bemerkungen machen doch deutlich, daß sie auf den Club eigentlich ebenso eifersüchtig ist wie Hans auf Uwe. Allerdings, eines muß sie zugeben: Wenn Hans vom Training oder vom Spiel kommt, dann wirkt er so gelöst und ist so munter trotz aller körperlichen Erschöpfung, wie sie ihn am Ende eines anstrengenden Arbeitstages nicht kennt.

15. »Gruppentherapie« – für den Privatgebrauch

Alles menschliche Leben vollzieht sich in Gruppen. Die Familie ist die erste Gruppierung, in der wir aufwachsen, als zweiter Schritt kommt unsere Gruppenverhaftung in der Schule und am Arbeitsplatz hinzu. Zu diesen beiden Gruppen, die die Soziologen Primär- bzw. Sekundärgruppen nennen, kommen die sogenannten formalen Gruppen. Dies sind alle jene Vereine, Gruppierungen und Gemeinschaften, in denen wir allein oder gemeinsam unsere Freizeit verbringen. Schließlich kennen wir noch sogenannte informale Gruppen, die sich z. B. für eine kurze Zeit dann bilden, wenn wir auf einen ausbleibenden Omnibus im Regen warten und gemeinsam beschließen, daß wir es dem Busfahrer schon ordentlich geben würden, wenn er käme. Nachdem diese Gruppe ihren Entschluß wahrgemacht hat, verteilt sie sich im Omnibus, und keiner nimmt mehr von dem anderen Notiz. Gruppen, in denen wir uns befinden, haben aber auch eine Prägewirkung auf uns. Diese Prägewirkung kann einen stark heilenden Charakter haben. Wenn Menschen an seelischen Fehlhaltungen leiden, werden sie heute nicht mehr nur im Gespräch unter vier Augen in der Psychotherapie behandelt, sondern in immer steigendem Maße in Gruppen von sechs bis acht Teilnehmern. Hier erleben sie noch einmal ihre Familienkonflikte, ihre Konflikte am Arbeitsplatz und spielen sie nun noch einmal durch. Meistens so, daß den einzelnen Gruppenteilnehmern zunächst gar nicht bewußt ist, warum sie mit dem Fräulein X., das ihnen gegenüber sitzt, sich gut verstehen und mit dem Herrn Y. auf der anderen Seite dauernd sich in den Haaren liegen. Erst nach mehreren Sitzungen wird der Gruppenleiter sie vielleicht vorsichtig fragen, was denn Fräulein X. oder Herr Y. für sie eigentlich bedeute. Da fällt es den Angesprochenen wie Schuppen von den Augen: Ja, Fräulein X., wenn ich sie ansehe, dann muß ich immer an meine erste Liebe in der Tanzstundenzeit denken, und wenn ich mich mit Herrn Y. krache, dann fällt mir immer mein früherer Mathematiklehrer ein. Die Gruppe lacht. Die heilende Wirkung aber besteht darin, daß man sich in der Gruppe Dinge an den Kopf werfen kann, die erfreulicherweise keine Konsequenzen im Hinblick auf einen möglichen Verlust des Arbeitsplatzes haben, die nicht zu einem Zerbrechen der Freundschaft führen oder zu einem eingeschnappten Verhalten der Eltern, weil man ihnen einmal gewagt hat zu sagen, was man von diesem oder jenem zu Hause denkt. In der Gruppe kann man wie in einem Labor mit seinen Gefühlen experimentieren, man kann sie neu in den Griff bekommen, und man wird daraus für sich sehr viel lernen. In einer abgewandelten Form ist der Sportverein, die Diskussionsgruppe in der Gemeinde, der Chor, in dem man musiziert oder auch jede Kegelrunde oder jeder Bridgeclub von ähnlichen Gesetzen der Kommunikation innerhalb einer Gruppe geprägt. Es wäre daher sowohl Claudia als auch Hans anzuraten, regelmäßig in irgendeiner Form und möglichst getrennt eine Gruppierung zu besuchen und in ihr Vertrauen zu gewinnen, die außerhalb der Berufs- und Arbeitswelt liegt. In früheren Fällen hatte man zu einem solchen Zweck die Dorflinde. Zu ganz gewissen Zeiten trafen sich die jeweiligen Generationen unter der Dorflinde, und es entstand der Dorfklatsch. Sicherlich hat der Dorfklatsch manches Ärgernis gebracht. Aber er war eine gute Möglichkeit der seelischen Entladung. Man spürte auch seine Dazugehörigkeit dann, wenn man selbst einmal Ziel des Spottes oder der Angriffe war. Weil der Gegensatz zu Liebe nicht Haß, sondern Gleichgültigkeit ist, darum war die Dorflinde eine so gute Sache. Über wen gesprochen wurde, der war niemandem im Dorfe gleichgültig. Das Kränzchen unserer Großeltern und der Stammtisch unserer Großväter hatten im Grunde die gleiche Wirkung. Wir werden uns heute Gruppen suchen müssen, die dem entsprechen, und die uns die Möglichkeit geben, unsere Konflikte zu lösen.

Sollte denn aber in einer guten Ehe nicht alles nur zu Hause besprochen werden? Wie steht es denn mit der Forderung, daß nur der Ehepartner der Vertraute sein darf? Muß nicht dann zwangsweise eine solche Gruppe an die Stelle des Partners treten? Alle diese Fragen sind berechtigt. Es wird unter Umständen auch nötig sein, eine Gruppe nach einiger Zeit zu wechseln oder aber deutlich sich von ihr zu distanzieren. Die Liebe und das Vertrauen zwischen Hans und Claudia aber muß unter solchen Gruppen keineswegs leiden, sondern kann sehr vertieft werden und reifen. Claudia erfährt nämlich in der Gruppe von einer ihrer Freundinnen, daß diese ganz ähnliche Probleme mit ihrem Ehemann hat. Nur aber ist Helmut, der Mann der Freundin, lange nicht so einsichtig wie Hans. Claudia aber überfällt gelegentlich die Frage, warum die Freundin ihren Helmut so töricht behandelt. Plötzlich aber erschrickt sie: Ich reagiere ja bei Hans genauso! In diesem Augenblick wird ihr klar, warum ihr Hans so einschnappt, wenn sie so und nicht anders ihm gegenüber reagiert. Tausend Gespräche zwischen Hans und Claudia hätten eine solche Erkenntnis nicht bewirken können. Auch Appelle an Claudia, nicht mehr kleinlich oder eifersüchtig oder pünktlicher zu sein, hätten nicht das bewirkt, was jetzt die eigene Einsicht bewirkt: Ich reagiere ja genauso. Für Hans gilt das gleiche. Er erlebt in seiner Gruppe, daß sein Freund Gerhard alle drei Monate die Stellung wechselt. Jedesmal berichtet Gerhard dann stolz, was er seinem Chef an den Kopf geworfen habe, und brüstet sich damit, was er für ein Kerl sei. Warum tut Gerhard das eigentlich? Hans beginnt zu überlegen. Eigentlich hätte Gerhard das doch gar nicht nötig. Er ist Techniker, kann was, und in der Gruppe bzw. im Club ist er der umgänglichste Mensch, den man sich vorstellen kann. Da lernt Hans ganz zufällig Gerhards Vater kennen. Nun weiß Hans alles. In der Gegenwart dieses Mannes wagt man ja kaum, den Mund aufzumachen. Alles weiß der Alte besser, und Gerhard ist noch heute nichts anderes in seinen Augen als der kleine Junge, dem man unablässig die Meinung sagen muß. Aber Hans lernt noch mehr: Plötzlich erinnert er sich an sein eigenes Verhalten seinem Chef gegenüber, das er in dem Gespräch mit Claudia zum Ausdruck brachte. Nun fängt Hans an zu lächeln: Er ist ja gar nicht mehr der kleine

Junge, und der Vater lebt 600 km von ihm entfernt. »Ich habe es ja gar nicht nötig, in allen Chefs meinen Vater zu sehen«, so schießt es ihm durch den Sinn, und – am nächsten Tage kann er seinem Chef sehr viel ruhiger antworten, als dieser an seiner Arbeit etwas auszusetzen hat.

Keine Angst also vor Gruppen und Vereinen, keine Angst vor Bridgekränzchen und Skatrunden, keine Angst vor den freien Abenden des Partners. Die Häufigkeit solcher außerfamiliären Bindungen sollte miteinander abgesprochen und vereinbart werden. Bedenklich wird das Ganze nur dann, wenn Hans und Claudia feststellen, daß sie zwar in getrennten Gruppen leben können, daß es ihnen aber schwerfällt, etwas Gemeinsames zu unternehmen. Dann muß dieses Problem auf den Tisch. Dann muß miteinander offen und vielleicht auch recht deutlich geredet werden. Nichts ist schlimmer als die berühmte Glaswand in einer Ehe: Man sieht sich zwar noch, man bemerkt, daß der andere die Lippen bewegt, aber die Worte kommen nicht mehr an, und die Hände finden nicht mehr zueinander. So sieht das also in der Praxis aus, was die Bibel meint, wenn sie von einer christlichen Ehe schreibt: »Einer trage des anderen Last, so werdet Ihr das Gesetz Christi erfüllen«.

Unsere Zeit hat es im allgemeinen verlernt, Feste zu feiern. Parties mit der Schnapsflasche in der Gesäßtasche, die nach kurzer Zeit in ein allgemeines Besäufnis ausarten, sind zwar bekannt, werden aber von niemandem wohl mit dem Begriff »Fest« bezeichnet werden können. Wenn wir von Festen reden, dann meinen wir auch nicht jene steifen bürgerlichen Veranstaltungen, in denen in wohlabgezirkelter Rede und steifer Abendkleidung Konversation gemacht wird. Wenn wir von einem Fest reden, das eine junge Ehe so nötig hat, dann meinen wir wirklich einen Höhepunkt. Wer ein Fest vorbereitet, muß überlegen. Er muß wissen, daß es keineswegs zuerst darauf ankommt, welche Qualität und welcher Preis für die Alkoholika angesetzt und wieviele Scheine auf den Tisch gelegt werden müssen, um Filetfleisch auf den Tisch zu bringen. Wer ein Fest feiern will, muß sich zunächst überlegen, wen er einlädt. Menschen müssen es sein, die zueinander passen. Das bedeutet nicht, daß jeder jeden bei Beginn des Abends schon kennen muß. Es bedeutet aber, daß vom Alter her ein bestimmter Gleichklang dasein muß, und daß alle Gäste so etwa auf derselben Wellenlänge senden und empfangen. Auch die Zahl der Gäste soll überlegt werden. Die Größe der Wohnung und der Anlaß sind hierfür bestimmend. Gut ist es auch, wenn man in die Vorbereitungen für einen solchen Abend einige von den Gästen mit einbezieht. Claudia kann sich gern ein paar Freundinnen zum Tischdecken und zur Kochhilfe holen, Hans könnte vielleicht mit einem seiner Freunde ein freches Spottlied zusammenbringen oder sonst für nette kleine Überraschungen sorgen. Wichtig ist dabei, daß bei allen diesen Einlagen, die einen Abend bunter gestalten sollen, niemand blamiert und niemand verletzt wird. Das ist gar nicht so leicht, denn was der eine noch als Spaß empfindet, ist für den anderen schon eine handfeste Beleidigung. Aber wir sollten uns durch solche Bedenken nicht davon abbringen lassen, in größeren Abständen miteinander Feste zu feiern. Anlässe gibt es genug. Der erste Hochzeitstag oder der dritte könnten zum Beispiel ein solcher sein. Ein Erfolgserlebnis im Beruf, die Rückkehr aus dem Krankenhaus, die Wiederkehr eines Erinnerungstages, alles das sind Gründe für ein Fest. Im Hintergrund steht dabei die Notwendigkeit, sich die Höhepunkte des Lebens gegenwärtig zu halten. In der Vorbereitung und im Nachklang eines solchen Festes geschieht zwischen Claudia und Hans sehr viel mehr, als die beiden vielleicht ahnen. Das große »weißt du noch?« führt in die Dankbarkeit und bringt jenes Glücksgefühl und jene Überzeugung, in der Welt sinnvoll zu leben, das wir so notwendig brauchen. Feste feiern heißt nicht, nur seinen Verpflichtungen nachzukommen. Gewiß wird auch dies einmal notwendig sein. Zunächst aber sollen Feste kein Zwang, sondern eine Freude für die Gastgeber sein. Nur so ist zu vermeiden, daß hinterher der Mißmut Platz ergreift und Claudia sich fragt, warum sie sich so viele Arbeit gemacht hat und Hans ärgerlich darauf hinweist, daß der Abend ein ganz schönes Loch in den Kontostand gerissen habe. Es ist auch unter jungen Eheleuten keineswegs mehr unüblich, die Gäste zu bitten, eventuell zu den alkoholischen Getränken mit beizutragen. Zur Verantwortung der Gastgeber aber gehört es auch, dafür zu sorgen, daß sich am Ende des Abends niemand in seinen Wagen setzt, von dem jeder den Eindruck hat, daß er sich und seine Umgebung damit gefährdet. Ein Taxi nach Hause ist immer billiger als DM 2000,– Geldstrafe und 8 Monate Führerscheinentzug.

Nun gibt es allerdings auch junge Ehen, in denen die Gäste sich gegenseitig die Hand geben. Wenn das bei Ihnen so ist, dann sollten sie sich eine Frage stellen: Laden Sie sich vielleicht darum Gäste ins Haus, weil Sie aus irgendeinem Grunde Angst haben, miteinander allein zu sein? Weichen Sie sich gegenseitig aus und fliehen deshalb in die Geselligkeit? Wenn das so sein könnte, sollten Sie dies als Alarmzeichen für Ihre Ehe beachten. Ein ruhiges Gespräch über die Gründe, die zur Angst vor der Zweisamkeit geführt haben, verlangt allerhand Mut, ist aber dringend am Platze. Gastfrei zu sein, »ohne zu murmeln« ist eine Forderung des Neuen Testamentes, über deren altertümlichen Wortlaut wir gern lächeln dürfen. Aber gastfrei sein ist ein Teil jener Haltung, die uns freimacht gegenüber dem Besitzegoismus, unserem Geld, unseren Gütern, aber auch unserem Ehepartner gegenüber. Robinson Crusoe lebte bekanntlich auf einer einsamen Insel. Wir alle können dies nicht, auch wenn wir es manchmal ganz gern möchten. Zur Lebenskunst und zur Reifung einer Ehe gehört dazu, mit den Menschen um uns herum nicht etwa nur fertigzuwerden, sondern im wahrsten Sinne des Wortes mit ihnen zu leben.

Die Frage, ob, wann und wie viele Kinder man miteinander haben wollte, hat Hans und Claudia schon in den Monaten vor der Eheschließung bewegt. Es hat auch nicht an spitzen Bemerkungen oder an mehr oder weniger witzig-sein-sollenden Anspielungen der Freunde gefehlt, die auf dieses Problem hinzielten. Aber so einig, wie es die Großeltern bei ihrer Eheschließung noch gewesen waren, sind sich Hans und Claudia keineswegs. Früher, ja, da gab es diese Frage eigentlich gar nicht. Schließlich – so meinte man damals – heiratet man, um Kinder zu kriegen. Nun, das meinen wir heute mit Recht nicht mehr. Ehen, die kinderlos bleiben, können ebenso erfüllt oder auch unerfüllt sein wie Ehen, wo die Eltern zusammen mit ihren Kindern wachsen und reif werden. Auch braucht es heute niemand mehr dem Zufall zu überlassen, ob er sich Kinder »anschaffen« soll oder nicht. Im Gegenteil, es ist nicht nur das Recht, sondern die Pflicht junger Ehepartner, miteinander zu bestimmen, wann, wieviel und unter welchen Umständen sie Kindern das Leben geben wollen. Die Welt als die Schöpfung Gottes ist uns eben anvertraut, und dazu gehört auch ein verantwortliches Handeln, wenn es um die Zahl der Kinder geht. Hier hat niemand den beiden etwas hineinzureden. Hans und Claudia fällen die Entscheidung darüber ganz allein. In jedem Falle allerdings ist es gut, wenn Claudia kurz vor der beabsichtigten Schwangerschaft noch einmal ihren Frauenarzt zu Rate zieht und sich auch während der gesamten Schwangerschaft regelmäßig den Kontrolluntersuchungen unterzieht. Soll man aber denn nun Kinder haben wollen oder soll man nicht? Wir sagten schon, daß eine Ehe darin besteht, gemeinsam das Dritte, das Neue zu schaffen. Wir bezogen das allerdings keineswegs speziell auf die Kinder, sondern auf den gemeinsamen Lebensinhalt, den sich Hans und Claudia miteinander langsam, aber sehr bewußt schaffen sollten. Dazu gehören aber auch Kinder.

16. Kinder? In dieser Welt?

Sofort melden sich Fragen: Kann man es denn noch verantworten, in die Welt, so wie sie ist, Kinder »hineinzusetzen«? Werden sie ihr Auskommen haben, oder werden sie eines Tages unter dem Smog und den Abgasen unserer Städte ersticken müssen? Werden sie als freie und glückliche Menschen leben können, oder werden sie in einem neuen, ebenso sinnlosen Krieg wie alle vorher oder nachher ihr Leben geben müssen? Werden sie den Beruf lernen können, den sie gern möchten, oder werden sie von irgendeiner staatlichen Kontrolle gelenkt oder von einer drohenden Arbeitslosigkeit erdrückt werden? Werden sie die Erwartungen, die die Eltern heute schon unbewußt an sie stellen, erfüllen, oder werden sie so sehr ihre eigenen Wege gehen, daß die Eltern es bedauern, ihnen das Leben gegeben zu haben? Fragen über Fragen, die niemand auf dieser Welt beantworten kann. Aber, wer kann denn überhaupt Fragen beantworten, die in die Zukunft weisen? Kann jemand den jungen zukünftigen Eltern sagen, ob ihr Kind gesund und lebensfähig sein wird? Kann irgend jemand ihnen versprechen, daß das Kind einmal Schlagzeilen in der Presse machen wird und zu den ganz Großen, aber nicht immer Glücklichen in dieser Welt gehören wird? Nein, das Entscheidende am Leben ist, daß es bei aller notwendigen Planung und

Vorüberlegung eben gelebt und gewagt werden muß. Man kann sich auch nicht vorher testen, wie man sich in der Rolle als Vater oder als Mutter fühlen wird, sondern man kann es nur wagend zu tun versuchen. Eben in diesem Versuchen liegt das, was der christliche Glaube mit Vertrauen bezeichnet. Weil aber weder die Wissenschaft von der Zukunft (Futurologie) noch unser Optimismus oder Pessimismus perfekte Ratgeber sind, wird die Entscheidung, die Hans und Claudia in bezug auf ihre zukünftige Familie zu fällen haben, von der letzten Grundentscheidung mit abhängen, wie diese beiden dem Leben gegenüberstehen. Kirchliche Trauung jedoch wird immer auch Mut dazu machen, das Leben mit Gott zu wagen. Nicht so, daß wir an irgendeiner Stelle unseres Lebens die Hände in den Schoß legen und meinen, der liebe Gott werde es schon machen. So ganz gewiß nicht! Wer eine solche Haltung mit dem christlichen Glauben in eins setzt, hat vermutlich noch niemals in seiner Bibel darüber nachgelesen, was gerade im Auftrag Gottes den Menschen an Verantwortung für diese Welt zugemutet wird. Aber eben nicht nur an Verantwortung! Das Versprechen Gottes geht nicht dahin, daß es uns und unseren Kindern ständig gut gehen werde und sich alles so im Leben regele, wie wir es wünschen. Wer so etwas von Gott verlangt, der meint nicht Gott, sondern weitet seine sehr kindlichen Wünsche nur auf das religiöse Gebiet aus. Gott sagt uns nicht, daß er alles im Leben so regeln wolle wie ein unvernünftiger Vater, der seinem Kind alle Sorgen aus dem Weg räumt, sondern so, daß er in allem, was uns passiert, uns nicht allein lassen will und uns die Kraft zusagt, alles dies auch durchzustehen. Das gilt für Freude *und* für Leid.

Nach guter Erfahrung der Eheberater sollten die ersten zwei Ehejahre kinderlos bleiben. Junge Eheleute haben mit sich selbst in diesen ersten beiden Jahren soviel zu tun, daß sie erst einmal das »Nest« ihrer Ehe auspolstern sollten. Sie müssen sich im täglichen Alltag aneinander gewöhnen, sie müssen für das Miteinanderleben, Miteinanderarbeiten, aber auch für ihr gemeinsames Liebhaben den rechten Rhythmus finden, sie müssen sich vielleicht einen neuen Freundeskreis schaffen und sich an ihrem neuen Arbeitsplatz zurechtfinden. Das alles bedeutet eine Menge an Energie und vielleicht auch an körperlichen und seelischen Anstrengungen. Dann aber sollten Hans und Claudia nicht mehr länger warten, wenn sie sich dafür entschieden haben, daß ihre Ehe nicht kinderlos bleiben soll. Der Rhythmus der zwei Jahre gilt übrigens als guter Anhaltspunkt auch für weitere Schwangerschaften von Claudia. Es hat sich herausgestellt, daß ein Abstand von etwa zwei Jahren zwischen den Geschwisterkindern sich sowohl erziehungsmäßig als auch biologisch gut auswirkt. Wenn es aber nun nicht »klappt«? Unsere Illustrierten und unsere sogenannte Aufklärungsliteratur tun meist immer so, als ob es das Selbstverständlichste der Welt wäre, Kinder zu zeugen und zu gebären. Leider ist das nicht immer so. Es kann vor allem seelische Gründe haben, wenn Claudia in den ersten 4 bis 5 Ehejahren kein Kind empfängt. Allerdings sollte dann immer der Gang zum Arzt angetreten werden, da es sich in vielen Fällen herausgestellt hat, daß die »Schuld« keineswegs nur bei der Frau, sondern nicht selten auch beim Manne liegt. Nicht nur die körperlichen Schwierigkeiten sollten dabei zur Sprache gebracht werden, sondern auch bisher unausgesprochene seelische Verkrampfungen. In der Mehrzahl aller Fälle löst ein Rat des Frauenarztes, ein kleiner Eingriff oder in manchen, allerdings seltenen Fällen, auch eine psychotherapeutische Behandlung das Problem. Der Besuch beim Eheberater bzw. beim Psychotherapeuten ist vor allem dann angebracht, wenn es sich um sexuelle Schwierigkeiten handelt. Gerade dann, wenn diese vor der Ehe nicht bestanden haben, sollte mit dem Besuch beim Eheberater bzw. beim Psychotherapeuten nicht gewartet werden.

17. Und wenn »es« nicht klappt?

Wenn aber nun der Frauenarzt bedauernd die Schultern hochzieht und Claudia nur wenig Hoffnungen auf eine Schwangerschaft machen kann? Nun, das ist in den meisten Fällen eine sehr niederdrückende Nachricht. Jetzt muß Hans seiner Claudia erst einmal sehr deutlich zu verstehen geben, daß dies für ihn aber auch nicht die geringste Abwertung seiner Frau bedeutet. Kinderlose Ehen sind niemals sinnlos! Wo sie aus medizinischen Gründen hingenommen werden müssen, können sie geistig, seelisch und auch körperlich sich in einer solch tiefen Weise erfüllen, wie es Claudia und Hans im Augenblick der Schreckensbotschaft sich noch gar nicht vorstellen können. Dann aber, wenn die beiden diese Nachricht verarbeitet haben, sollten die Überlegungen beginnen, ob und unter welchen Umständen an eine Adoption gedacht werden kann. Für die Adoption gilt im Grunde das gleiche wie für die eigenen Kinder: Niemand kann voraussehen, wie sich die Kinder entwickeln. Jedoch wissen wir heute sehr genau, daß vererbungsmäßige Anlagen der Eltern keineswegs jene bedeutende und unkorrigierbare Rolle spielen, wie wir lange Zeit angenommen haben. Gewiß, wir können Erbanlagen nicht völlig ausschließen. Jedoch ist das Entscheidende, was den kindlichen Charakter prägt, nicht die Erbanlage, sondern die

Atmosphäre, in der das Kind vom frühesten Säuglingsalter an heranwächst. Ob und in welchem Maße ein absolutes Vertrauensverhältnis zu den Eltern, den eigenen oder den Adoptiveltern, aufgebaut und durchgestanden werden kann, das prägt den Charakter und den Lebensweg des Kindes weit stärker als die Mehrzahl aller Erbanlagen. Auch in einer Trinkerfamilie werden keineswegs alle Kinder wieder Trinker, wenn auch nicht geleugnet werden kann, daß eine gewisse Veranlagung zum übermäßigen Genuß von Rauschgiften aller Art vorhanden sein kann. Es ist mit solchen Dingen wie bei den sogenannten Erbkrankheiten, die oft keine sind. Ein Kind, dessen Eltern an Tuberkulose gelitten haben, muß keineswegs unbedingt selbst wieder tuberkulös werden. Aber man wird es nicht so leicht bekleidet und unvorbereitet in nasses und kaltes Wetter hinausgehen lassen können, wie ein Kind, daß diese Belastung nicht mitbringt. Während eben andere Kinder dann einen Schnupfen bekommen, könnte es sein, daß ein Kind aus einer tuberkulosegefährdeten Ehe schon einmal etwas leichter sich eine Lungenentzündung zuzieht. Von Vererbung aber kann hier nicht geredet werden. Wir wollen Vererbungskrankheiten nicht einfach vom Tisch wischen, aber wir sollten uns in jedem einzelnen Fall von einem hierfür zuständigen Arzt beraten lassen. Nur, das sei noch einmal betont: Wer kann denn bei den eigenen Kindern mit Sicherheit sagen, daß diese sich nicht irgendeiner ernsten Erkrankung plötzlich gegenübersehen?

Adoptiert sollte ein Kind so jung als möglich werden. Am besten eignet sich die früheste Säuglingszeit zur Adoption. Je mehr Vorprägungen ein Kind in einer schlechten Umwelt oder in einem Heim erfährt, desto schwieriger wird der Aufbau jenes oben erwähnten Urvertrauens zwischen Kind und Eltern sein. Es wäre auch

Sorge zu tragen, daß die leiblichen Eltern des adoptierten Kindes in der späteren Zukunft keinerlei Ansprüche an die Eltern stellen, ja, daß jede spätere Verbindung zwischen leiblichen Eltern und dem zur Adoption freigegebenen Kind unmöglich ist. Vor dem berühmten Augenblick, in dem das Kind »es« erfährt, sollte man jedoch keine Angst haben. Wenn Eltern ihrem Adoptivkind klarmachen, daß alle anderen Eltern das nehmen müssen, was sie kriegen, sie aber eben dieses Kind sich herausgesucht hätten, weil sie es besonders schön fanden, besonders liebhaben und es ihnen besonders an Herz gewachsen sei, dann wird der Tatbestand dieses Erwähltseins für ein Kind von großer Bedeutung sein können. Nur sollte ein Kind niemals im Unklaren über seine Rolle gelassen werden. Aus den Aussagen vieler Adoptivkinder wissen wir, daß die Tatsache seiner Herkunft keineswegs jenen Schock bedeutet, den wir immer befürchten.

Nun haben wir die ganze Zeit von »dem Kind« gesprochen. Was ist das aber eigentlich, ein Kind?

Ein Kind ist niemals ein Erwachsener im Westentaschenformat, sondern eine eigenständige Persönlichkeit. Es trägt zwar nach außen und innen bestimmte Merkmale und Veranlagungen seiner Eltern in sich, aber es ist ein eigenes Wesen mit einem eigenen Willen und von der ersten Stunde an bereit, dieses auch seiner Umwelt gegenüber zu bewähren. Eltern, die danach gefragt werden, ob sie alles dies ihrem Kinde zugestehen wollen, werden es in den meisten Fällen bejahen. Aber es ist eben eine der großen Tatsachen unseres Lebens, daß unsere Reaktionen auf unsere Mitmenschen nicht nur aus dem bewußten Denken und Wollen kommen, sondern in einem starken Maße von unserem Unbewußten her, aus unseren geheimen Wünschen, Ängsten und Triebregungen gesteuert wird.

18. Ein paar Gedanken über Kindererziehung

Jeder Vater und jede Mutter haben für ihr Kind geheime Wünsche. Diese können sich in eine Richtung entwickeln, die besagt, ihr Kind möge doch diesen oder jenen Beruf einschlagen, dieses oder jenes Lebensideal verkörpern und nicht selten einem bestimmten Idol gleich werden, das sich Eltern von »dem« Mann oder »der« Frau machen. Schon die Namensgebung läßt bestimmte Rückschlüsse auf solche geheimen Wünsche manchmal zu. Größer aber noch sind die heimlichen und meist unbewußten Ängste, die Eltern ihrem Kind vom ersten Augenblick an entgegenbringen. Weil es in jeder Familie so etwas wie einen Außenseiter, ein »schwarzes Schaf« gibt, haben Eltern Angst, ihr Kind könne genau in Richtung dieses Familiengliedes sich entwickeln. Wenn dann das Kind seinen Unmut gegenüber seiner Umwelt zum Ausdruck bringt, wenn die erste Trotzperiode zwischen dem zweiten und vierten Lebensjahr einsetzt und ein Kind Dinge tut, die den Eltern zwar nicht gefallen, die aber für seine seelische Entwicklung notwendig sind, dann ist sehr schnell der Gedanke da: Siehst du, er wird genauso wie dein Bruder Karl. Eben das aber will die Mutter mit allen Mitteln verhindern, weil der Bruder des Vaters in der Familie als Außenseiter gilt und es zu nichts gebracht hat. Plötzlich erzieht man gar nicht mehr sein eigenes Kind, sondern alles, was man tut, und alles, was man für dieses Kind plant, geschieht eigentlich nur aus der großen Angst, das Kind könne ein zweiter Onkel Karl werden. Vater hingegen möchte seinen Sohn vielleicht als einen überragenden Sportsmann oder als einen bekannten Wissenschaftler später sehen. Also wird er im ersten Fall sehr frühzeitig und in übertriebenem Maße sportliche Betätigungen für sein Kind suchen, die nur zu leicht in Zwang, Überanstrengung und darum in Unlust gegen jede körperliche Betätigung bei dem Kind sich auswirken. Er wird im zweiten Fall vielleicht meinen, sein Kind müsse schon mit drei Jahren eine Beethovensonate spielen oder zumindest den pythagoräischen Lehrsatz ableiten können. Also wird mit Lese- und Schreibübungen frühzeitig angefangen, und die Eltern und Lehrer wundern sich dann über die Schulunwilligkeit des kleinen Jungen. Sogar der so verständliche Wunsch, das Kind möge vor Gesundheit strotzen, kann dazu führen, daß entweder Abhärtungsmaßnahmen getroffen werden, die mit diesem Begriff schon gar nichts mehr zu tun haben, sondern an leichte Kindesmißhandlungen grenzen, oder aber die bewirken, daß das Neugeborene in Watte gewikkelt wird, um es vor allen Krankheiten sorgfältig abzuschirmen. Wir kennen Mütter mit einer so starken Angst gegenüber allen Infektionskrankheiten, daß sie ihr Kind in einer Sterilität aufwachsen lassen, die jede biologische Widerstandskraft gegen Infektionskrankheiten unterbindet. Mit alledem soll natürlich nichts gegen die natürliche Sorgfaltspflicht der Eltern gegenüber ihrem Kind gesagt werden. Es soll auch nichts dagegen gesagt sein, daß Eltern sich Gedanken machen, was aus dem Kind wohl werden könne und was für dies Kind das beste sei. Jedoch sollte man sich gerade bei solchen Überlegungen immer wieder fragen, ob man eigentlich seine eigenen Wünsche verwirklicht sehen möchte, oder ob man dazu bereit ist, was Eltern in der Verantwortung vor dem von Gott geschenkten Kind tun sollten: Das alles planmäßig entwickeln, was in diesem Kind an Gaben, Möglichkeiten, aber auch Begrenzungen liegt. An diesem Punkt wird wieder einmal deutlich, daß glaubensmäßige Rückbindung der Eltern für die richtige Erziehung des Kindes eine große Hilfe sein kann. Es ist eben nicht wichtig, was die Großeltern oder die Nachbarn im Haus über dieses Kind denken, es ist nicht wichtig, daß man damit angeben kann, wie schnell der kleine Jürgen trocken geworden sei und Sabine laufen gelernt habe, sondern es ist allein wichtig, wieviel Freude, Zuwendung, Liebe und Mut zur Freiheit man bereit ist, dem Kind gegenüber aufzubringen. Nicht das artige Kind ist unser Erziehungsziel, sondern ein Kind, das in tiefem Vertrauen zu seinen Eltern heranwächst und darum sich zu dem entwickeln kann, was in ihm beschlossen liegt. Die Psychologen reden vom unerläßlichen Urvertrauen zwischen Kind und Eltern und der notwendigen Ich-Stärkung, die unerläßlich für das ist, was wir ein erfülltes Leben nennen. Gängelung ist hierfür ebenso tödlich wie jene gelegentlich angepriesene schrankenlose Freiheit, die darum unbarmherzig ist, weil sie das Kind in seinen Entscheidungsmöglichkeiten überfordert und dadurch neurotisiert.

Wir werden also die Reinlichkeitserziehung nicht vorschnell durch rigorose Maßnahmen abkürzen wollen, auch wenn es für Frau Claudia sehr viel bequemer ist, keine Windeln mehr waschen zu müssen. Weil wir wissen, daß die Einschmutzperiode, ja die Beschäftigung mit dem eigenen Kot und Urin, deren Hergabe vom Kind als Geschenk an die Umwelt betrachtet wird und deren Verweigerung häufig als aggressiver Protest gegen elterliches Verhalten gewertet werden muß, darum können wir auch hier warten. Jede Ängstlichkeit ist fehl am Platze. Die Sauberkeit wird fast in allen Fällen zwar etwas verspätet, aber dann von einem Tag zum anderen sich einstellen und damit den Abschluß einer durchgestandenen, sehr notwendigen Entwicklungsphase andeuten. Das gleiche gilt für die Trotzphase zwischen dem 2. und 4. Lebensjahr. Den Willen eines Kindes brechen zu wollen, ist ein Verbrechen! Wie soll sich ein Kind später im Leben behaupten, wenn es nicht in diesen so entscheidenden ersten 4 Lebensjahren lernt, sich sinnvoll und deutlich durchzusetzen? Wer den Willen eines Kindes zu brechen versucht, erzieht nicht nur jene berüchtigten Radfahrertypen, die nach unten treten und nach oben buckeln, sondern fördert die Aggressivität und die aus Angst vor der Umwelt sich dann einstellende sogenannte »Hinterlistigkeit« nachdrücklich. Im besonderen Maße gilt der Mut zur Freiheit bei der frühen Sexualentwicklung des Kindes. Sexualität bestimmt unser ganzes Leben und ist auch beim Säugling von der ersten Stunde des Lebens an nachweisbar vorhanden. Sie durchläuft nur verschiedene Entwicklungsstadien. Wenn aber Eltern, die bei ihrem kleinen Jungen ein versteiftes Glied schon frühzeitig bemerken, nun daraus angstvoll schließen, hier handele es sich um einen angehenden Lüstling, werden sie schwerlich die rechte Einstellung zu ihrer eigenen Sexualität schon gefunden haben. Bei Inge betrachtet man mit frohgemutem Lächeln, wenn die kleinen Fingerchen den Körper entdecken und dabei in Nase, Mund und Ohren fahren. Nur wenn die kleine Hand unterhalb des Nabels rutscht, um auch hier auf Entdeckungsreisen zu gehen, kann es passieren, daß Inge aus dem Mund der Eltern durch ein Pfui oder durch entsprechende Mißfallensäußerung sehr frühzeitig erfährt, daß alles, was unterhalb des Nabels liegt, »tabu«, das heißt verboten ist und darum um so mehr zur geheimen Lustbefriedigung reizt. Alles dies sind nicht nur Erziehungsmaßnahmen, über die man so oder so denken kann, sondern es sind entscheidende Augenblicke in der psychischen Entwicklung eines kleinen Menschenlebens. Es ist nicht Aufgabe dieses Büchleins, hier ausführlicher zu reden. Aber alle jungen Eltern sollten sich besonders für die ersten 4 Lebensjahre ihres Kindes beraten lassen. Sei es, daß dies in einem Elternseminar geschieht, an dem beide Elternteile teilnehmen sollten, sei es, daß die Lektüre eines der vielen guten Bücher über die Entwicklungsjahre des Kindes hier den Eltern wertvolle Dienste leisten können. Niemand aber soll meinen, Kindererziehung brauche man nicht zu lernen, das müsse man eben so in sich haben. Wieviel Not und wieviel Elend für Kinder und Eltern eine solche törichte Auffassung gebracht hat, das können wir in unserer Umgebung beinahe täglich beobachten.

Kinder sind in der Tat unsere Spiegelbilder: Unsere eigenen Ängste, unsere eigenen Wünsche, das alles finden wir in ihnen oft in sehr komplizierter und zunächst undurchschaubarer Form wieder. Unsere Unsicherheiten dem Leben und unserem eigenen Triebleben gegenüber übertragen wir unbewußt und ungewollt auf unsere Kinder. Unsere geheimen Wünsche, Sehnsüchte und Hoffnungen, unsere Ängste, bei den Verwandten oder den Berufskollegen als zu nachgiebige Eltern angesehen zu werden, die ja so »ungezogene« Kinder haben, führen uns häufig zu Verhaltensmaßnahmen und zu frühzeitigen Einengungen, die sich im späteren Leben unserer Kinder recht ungünstig auswirken können. Aber auch jene Übermodernität, die sich freiheitlich gebärdet und so häufig nichts anderes als Angst vor Entscheidungen und Flucht in die Bequemlichkeit ist, kann sich in der gleichen Weise negativ auswirken. Wenn wir uns dabei ertappen, daß wir alle Erziehungsmaßnahmen auf dem Hintergrund der Aussage treffen: »Mein Kind soll es einmal besser haben, als ich es hatte«, werden wir uns prüfen müssen, was wir denn unter »Glück« für unser Kind verstehen. Jedoch muß nun auch angemerkt werden, daß es eine ideale Kindererziehung ebensowenig gibt wie eine ideale Ehe. Ob Sie einen Erziehungsfehler machen oder nicht, ob es einmal einen Klaps gibt, den sie eigentlich hinterher bereuen, oder eine Maßnahme, die sie gern rückgängig gemacht haben würden, das alles muß sich dann keineswegs zum Schaden des Kindes auswirken, wenn bei alledem Ihr Kind die tiefe, selbstverständliche Überzeugung behält: *Aber lieb haben sie mich doch.* In der Kindererziehung ist sehr vieles reparabel, nur eines nicht: Wenn ein Kind nicht mehr weiß, daß es absolut liebgehabt und angenommen wird, wenn es zweifeln muß an der Liebe seiner Eltern, dann ist allerdings sehr vieles ins Wanken geraten. Wer seinem Kind nur dann Liebe und Geborgenheit zusichert, wenn es gute Noten nach Haus bringt und mit dem Fußball keine Fensterscheiben einschießt, wird es schwerlich zu einem lebenstüchtigen Menschen erziehen können. Natürlich sind gute Schulnoten etwas wert, und der sportliche Ehrgeiz von Jürgen bedarf nicht unbedingt einer Demolierung sämtlicher Fensterscheiben der Nachbarschaft. Sehr wohl können Kinder jenseits aller totalen Verbote hier auf einen vernünftigen Mittelweg gebracht werden. Aber ein Kind kann getan haben, was es will, eines muß immer klar sein: Ich hab' dich lieb und nehme dich in meine Arme, was immer auch geschehen sein mag. Bedingungslose Liebe von seiten der Eltern und das Wissen um das bedingungslose Geborgensein auf seiten des Kindes, das ist es, was uns, wie im Gleichnis vom verlorenen Sohn, das Leben lebenswert macht. Gelegentlich wird nun eingewendet, eine solche Haltung dem Kind gegenüber bedeute eine Verwöhnung, ja eine Verhätschelung. Davon kann jedoch keine Rede sein. Kinder sind die Spiegel unserer Liebe. Sie werden nur soviel Liebe und Lebensmut ausstrahlen können, wie wir in sie hineingelegt haben. Noch nie ist ein Mensch aufgrund aufrichtiger und bedingungsloser Liebe, die ihm entgegengebracht wurde, zum Außenseiter der Gesellschaft geworden. Schon darum nicht, weil zu solcher Liebe durchaus das Nein hinzugehört. Aber eben kein Nein mit allen jenen unbewußten Aggressionen, die da argumentieren: Das hat es bei uns früher auch nicht gegeben, oder: als ich so alt war, durfte ich das auch nicht, sondern durch das Aufzeigen von Grenzen, die dem Kind einsichtig und verstehbar sind. Bei jedem Nein, das wir sagen, werden wir uns prüfen müssen, ob es wirklich dem Kind dient oder unserer eigenen Bequemlichkeit. Weder sollen wir unsere Kinder terrorisieren, noch müssen wir uns von ihnen terrorisieren lassen. Nur ist sehr vieles, was wir als Terror unserer Kinder ansehen, nichts anderes als notwendiger Entwicklungsablauf. Wenn Baby sein kleines Spieltier zwanzigmal bis zum Rand des Kinderwagens bringt und es dann fallenläßt, muß es sehr wohl sein Spieltier zwanzigmal wiederbekommen, weil die Erfahrung des Fallgesetzes ein Kind erst in vielen Versuchen in sich aufgenommen hat. Dann allerdings wird auch ein Augenblick kommen, bei dem das Gummitier auf dem Teppich liegenbleibt und nicht sofort zurückgebracht wird. Aber es bedarf in der kindlichen Entwicklung für alles, was es an Gesetzmäßigkeit der verschiedensten Art erfährt, eines für Erwachsene scheinbar unerträglich langen Prozesses, um diese Dinge wirklich in sich aufzunehmen und zu verarbeiten. Wir machen uns als Erwachsene wirklich keine Vorstellung davon, wie aufregend und neuartig jeder Tag im Leben eines vierjährigen Kindes ist. Unzählige Dinge, die uns selbstverständlich sind, begegnen ihm zum ersten oder zum zweiten Mal in diesem Leben. Man muß die Löcher im Abflußrohr auf der Straße schon einmal genau untersucht haben, weil man ja wissen muß, wohin das Wasser auf einmal verschwindet. Da helfen die weisen Erklärungen der Mutti gar nichts, sondern man muß mit seinen eigenen Händen hingefaßt haben, um zu sehen, wohin all der Schmutz rinnt. Vernünftige Kleidung, Seife und die Badewanne bringen alles wieder in Ordnung. Wir lernen alle nur durch Erfahrung und keineswegs vordringlich durch Erklärung. Ich muß erfahren haben, daß der Ball rund ist, aber ein Tisch vier Ecken hat, an denen ich mich stoße. Ich muß die Erfahrung machen, daß die Zentralheizung heiß ist, wenn ich sie anfasse, und ich muß erfahren, wie ich richtig mit Messer, Schere und Nadel umgehe. Alle diese Dinge taugen für kleine Kinder durchaus, aber Eltern werden darüber wachen, daß kein Schaden entsteht. Deshalb wird es sicherlich auch Erfahrungen geben, die wir unterbinden müssen. Ich kann z. B. nicht »erfahren«, was es heißt, vom Auto überfahren zu werden oder aus dem 2. Stock auf die Straße hinunterzufallen. Weil ich mir bei solchem Tun Schmerzen zufügen würde, ist in einem solchen Fall, wo die Schmerzempfindung nicht selbst erfahren werden kann, der Schmerz durch einen Klaps verantwortbar.

Entschließt sich ein junges Ehepaar zu Kindern, dann wird es allerdings auch in seine Überlegungen einbeziehen müssen, daß sich nun das Leben grundlegend verändert. Dies wird im allgemeinen heute zunächst nur negativ gesehen. Aber die Bereicherung, die eine Ehe durch ein Kind erfahren kann, durch das gemeinsame Planen, durch das gemeinsame Reden über das, was nun zu geschehen habe, kann eine Ehe reifer und erfüllter machen, als man es sich in seiner bisherigen Zweisamkeit vorzustellen vermag. Allerdings: Eine brüchige Ehe wird durch ein Kind selten gekittet. Die Auffassung, man müsse nur ein Kind haben, um seiner Eheschwierigkeiten

Herr zu werden, ist sehr bedenklich. Kinder sollten in einer harmonischen Ehe gezeugt und geboren werden. Weil die ersten 4 Lebensjahre entscheidend für das gesamte weitere Leben dieses jungen Menschenkindes sind, muß ihnen besondere Bedeutung zugemessen werden. Dazu gehört entgegen allen Diskussionen und allem offenen oder heimlichen Druck unserer Konsumgesellschaft die unabdingbare Notwendigkeit, daß ein Kind in den ersten 4 Lebensjahren eine Kontaktperson um sich herum haben muß, die stets die gleiche bleibt. Gewiß braucht das nicht in allen Fällen die eigene Mutter zu sein, aber sie wird es in der Mehrzahl aller Fälle sein müssen. Wie lange Großmütter eine Mutterrolle vertreten können, ist aus der Erfahrung heraus fraglich. Die Nachbarin kann wegziehen, oder es kann zu einem gestörten Freundschaftsverhältnis kommen. Vor allem aber kann nicht der beste Kindergarten und schon gar nicht das beste Heim in irgendeiner Weise den ständigen Kontakt ersetzen, den ein Kind in den ersten 4 Lebensjahren braucht. Wir bleiben also trotz allen Geschreis dabei: Ein Kind braucht in den ersten 4 Lebensjahren möglichst seine eigene Mutter ganz. Möge der Staat sich Gedanken machen, wie er das ermöglicht, und mögen wir Bürger in den Entscheidungen bei den Wahlen und in der politischen Mitarbeit in unseren Gemeinden hierfür die notwendigen sozialen Voraussetzungen unerbittlich fordern und auch durchsetzen, aber Abstriche an dieser psychologisch unbestreitbaren und aus vielen Testüberprüfungen gewonnenen Tatsache können wir nicht zugestehen. Damit ist in keiner Weise überlebten Vorstellungen das Wort geredet, wonach eine Frau lebenslang an die 3 großen »K« (Kinder, Kirche, Küche) gefesselt sein müsse. Jede berufstätige Frau soll im weiteren Verlauf ihres Lebens dann, wenn ein Kind auch ohne den ständigen Kontakt mit ihr existieren kann, also etwa nach dessen 4. Lebensjahr, wieder eine Teilzeitarbeit oder später auch vielleicht eine Vollbeschäftigung aufnehmen. Es mag möglich sein, daß in politischen Systemen anderer Art die Mutterrolle von staatlichen Organisationen übernommen werden kann. Solange wir meinen, Menschen zu Individuen erziehen zu sollen, solange uns daran liegt, keine Schablonen, sondern individuell geprägte Menschen als mündige Glieder unserer Gesellschaft zu haben, solange können wir von diesen Grundsätzen nicht ablassen.

Wer heiratet, Geburtstag feiert oder ein Jubiläum begehen kann, bekommt mit Sicherheit diesen Wunsch mit auf den Weg. Wie verständlich! Nur die vor Gesundheit strotzenden Mitbürger und alle jene, die nicht auf das Markstück im Portemonnaie zu schauen brauchen, können es sich erlauben, lächelnd über solche Wünsche hinwegzugehen. Und wenn schon Geld nicht glücklich macht, beruhigen tut es auf alle Fälle ... Wer also jungen Eheleuten Gesundheit und viel Geld wünscht, der meint es bestimmt nicht schlecht. Fragt sich nur, was wir mit dem anfangen, was die Bekannten und Freunde uns wünschen.

19. Wenn es um das Gehalt geht – die Karten auf den Tisch

Für den Eheberater ist es immer wieder auffällig, welche Quelle unzähliger Ehekrisen das Finanzproblem in einer Ehe darstellt. Dabei kommt es gar nicht so sehr auf die Höhe des monatlichen Verdienstes an, sondern auf die Art, wie die beiden gelernt haben, mit dem Geld umzugehen. Wir erwähnten schon, daß Ehemänner noch häufig in der Vorstellung aufgewachsen sind, sie könnten ihren Frauen Taschengeld etwa in der Form geben, wie man es seinem Kinde allwöchentlich zuteilt, und kommen vielleicht hin und wieder sogar auf die Idee, man könne damit Wohlverhalten fördern oder seinen Ärger über die Eheliebste auch dadurch zum Ausdruck bringen, daß man mit irgendwelchen heimlichen oder offenen Gründen das Haushaltsgeld kürzt. Berufstätige Ehefrauen pflegen daraufhin entweder mit schwarzen Kassen zu reagieren oder aber über die Höhe ihres eigenen Einkommens ebenso verschwommene Angaben zu machen, wie der Eheherr meint, es käme ihm zu, die wirkliche Höhe seines Einkommens zu verheimlichen. Ja, es soll sogar Stammtische geben, an denen jeder Ehemann, der nicht mit solchen Tricks arbeitet, als Waschlappen verschrien wird. Was für eine merkwürdige Grundeinstellung zur Ehe kommt aber hier zum Durchbruch? Hatten die beiden sich nicht bei Beginn ihrer Ehe vorgenommen, alles gemeinsam zu tun? War ihnen nicht klargeworden, daß die Ehe eine Einheit bildet, die sich eben auf alle Bereiche des Zusammenlebens ausweiten muß? Gewiß, es ist für beide eine neue und manchmal recht schmerzliche Erfahrung, nun über das verdiente Geld nicht mehr allein verfügen zu können. In unseren Tagen wird das Problem besonders schwierig, wenn Claudia sich entschlossen hat, ihren Beruf aufzugeben oder nur noch halbtags zu arbeiten und nun plötzlich sich nicht mehr das leisten kann, was sie bisher sich mit gutem Grund und mit gutem Recht meinte, leisten zu können. Für Hans ist in einem solchen Fall die Versuchung groß, von »seinem« alleinverdienten Geld zu reden und zu meinen, er könne es so seiner Ehefrau zuteilen, wie es sein Vater und Großvater getan haben und vermutlich – leider – bis zur Stunde noch tun. Es muß also erst einmal eine Grundregel klar sein: Für das monatliche oder wöchentliche Einkommen beider Eheleute heißt es mit aller Entschiedenheit: Karten auf den Tisch! Jedes Versteckspielen, jeder Trick, jedes törichte Gerede von der Vorrangstellung des einen oder anderen Ehepartners ist ein erster, unübersehbarer Riß im Gebäude der Ehe. Hier wird am frühesten Mißtrauen gesät, das sich dann auf alle anderen Bereiche der Ehe leicht auszudehnen beginnt. Es gibt auch nicht eine säuberliche Trennung in »mein« und »dein« Einkommen. Aber es gibt etwas sehr Wichtiges: Die gemeinsame Haushaltsberatung. Lohnstreifen oder Gehaltsabrechnung, Bankauszug oder die Abrechnung des Postscheckamtes gehören nach dem Abendbrot auf den Tisch. Dann erst wird gemeinsam für die kommende Woche oder noch besser für den ganzen Monat miteinander geplant.

Eine andere Frage ist es, wer in einer Ehe Finanzminister spielen soll. Keineswegs alle Männer sind Finanzgenies und ebensowenig sind es alle Frauen. Soviel als möglich gemeinsame Beratung – noch einmal sei es gesagt – und dann die Entscheidung, bei wem das Geld zu Haus deponiert wird. Eine doppelte Bankvollmacht empfiehlt sich in allen Fällen, schon dann, wenn ein Ehepartner einmal krank ist oder verreist und Geld plötzlich benötigt wird.

Nur in den seltensten Fällen wird in einer jungen Ehe alles das da sein, was nicht nur nötig ist, sondern auch das Leben ein wenig bequemer gestaltet. Das ist auch gut so. Es bindet aneinander und macht ganz einfach Freude, wenn man sich nach und nach alles das anschaffen kann, worauf man sich freut und was man miteinander geplant hat. Nicht ganz einfach ist dabei die Reihenfolge, weil Hans und Claudia hier gar nicht einer Meinung sein können. Ob das Farbfernsehgerät zuerst kommt und dann erst die Spülmaschine oder umgekehrt, das können schon Dinge sein, über die man lange miteinander reden, ja auch streiten kann. Nur – beides auf einmal geht wohl nicht. Einigkeit aber sollte darüber herrschen, daß man sich soviel technische Hilfsmittel anschaffen kann, als finanziell möglich ist und sie wirklich benötigt werden. Waschmaschine, ein guter Staubsauger, ein ausreichend großer elektrischer Herd, das alles sind wohl heute schon

Selbstverständlichkeiten. Ob die Spülmaschine für den 2-Personen-Haushalt wirklich vom 1. Tag an notwendig ist, muß ebenso gefragt werden, wie die Frage nach der sehr teuren Stereo-Anlage erlaubt sein sollte. Aber das alles sind Angelegenheiten, die Claudia und Hans ganz allein miteinander zu besprechen haben, und in denen alle Eltern, Schwiegereltern, Freunde und Verwandte sich besonderer Zurückhaltung zu befleißigen haben. Was Claudias Eltern für unsinnig halten, kann für Hans beinah lebenswichtig sein, und worauf Claudia auf keinen Fall verzichten möchte, kann Hansens Mutter für übertriebenen Luxus halten. Dabei ergibt sich die Frage nach der Finanzierung all der notwendigen und zugleich schönen Dinge für eine junge Ehe. Hier kommt es weniger auf die Wahl der vielen Finanzierungsmöglichkeiten an, als vielmehr auf die notwendige Begrenzung. Viel Nüchternheit, viel Sachlichkeit, aber auch viel gegenseitiges Verständnis tun hier not. Kleinkredite bei einer Bank sind im allgemeinen mehr zu empfehlen als Abzahlungsraten in verschiedenen Höhen. Kreditaufnahmen bei Privatleuten oder bei Adressen, die sich aus Zeitungsannoncen ergeben, sollten recht skeptisch beurteilt werden. Als Kinder schrieben wir vor dem Weihnachtsfest einen Wunschzettel. Diese Zeiten sind wohl auch für unsere Kinder vorbei und nicht immer – so scheint mir – zu deren eigenem Nutzen. Aber ein Wunschzettel oder eine Prioritätenliste all der Dinge, die im Laufe der Zeit angeschafft werden sollen, die dürfte schon bei Hans im Schreibtisch liegen, nachdem sie von beiden gemeinsam aufgestellt und die Reihenfolge ebenso gemeinsam festgelegt wurde.

Ist Sparen eigentlich altmodisch? Diese Frage ist viel schwerer zu beantworten, als es die ältere Generation wahrhaben will. Die Großeltern verloren in drei

Inflationen ihr Erspartes, und die Angst vor der Inflation sitzt auch uns heute tief in den Knochen. Dennoch dürfte dies alles kein ausreichender Grund sein, auf das Sparen von vornherein zu verzichten. Es sollte jedoch die Art gewählt werden, die für das betreffende Einkommen und für die Berufssituation von Hans und Claudia am vorteilhaftesten ist. So werden sich Aktienkäufe für eine junge Ehe selten rentieren, aber die Anlage einer Lebensversicherung oder eines Bausparvertrages kann wohl in allen Fällen angeraten werden. Aber niemand sollte hier allein entscheiden. Ein gemeinsamer Besuch bei der Bank oder bei einer Bausparkasse hilft hier weiter. Nichts soll sofort unterschrieben werden. Claudia und Hans sind gut beraten, wenn sie alle Unterlagen zuerst einmal mit nach Haus nehmen, sich alles – vor allem das Kleingedruckte – sehr genau durchlesen, dann einen sachkundigen Freund oder Bekannten um Rat fragen und erst danach ihre eigene Entscheidung treffen.

20. Eigenes Heim: Glücksfall oder Mausefalle?

Die Sehnsucht nach den eigenen vier Wänden ist heute unter jungen Ehepaaren verständlicherweise sehr groß. Nicht aber in jedem Fall ist anzuraten, diesen Wunsch sich so schnell als möglich zu erfüllen. Es kann passieren, daß Hans eine sehr viel günstigere Position in irgendeiner anderen Ecke unseres Landes angeboten wird, und er sich nur darum nicht entschließt, weil er eben sein Haus nicht im Stich lassen will. Möglicherweise wird er es dann das ganze Leben über bereuen, und Claudia wird es auszubaden haben, weil er die schlechte Laune und die Mißstimmung über sein angeblich gescheitertes

Leben vermutlich an ihr auslassen wird. Nicht immer ist dann das Eigenheim günstig zu verkaufen oder zu vermieten. Bausparverträge sind ja bekanntlich nicht nur dazu da, um zu bauen, sondern können zu sehr vielfältigen Zwecken verwendet werden, nicht zuletzt als Ausbildungsbeihilfe für die Kinder oder als zusätzliche Lebensversicherung. Lebensversicherung und Krankenkasse sind zwei absolut notwendige Sparmaßnahmen, die so schnell als möglich beschlossen werden sollten, weil ja die Monatsraten für eine junge Ehe weit erträglicher sind, als wenn Versicherungen in einem höheren Alter abgeschlossen werden. Auch ein sehr geringes Einkommen und das so verständliche Schielen nach all den Dingen, die man sich »dafür« leisten könne, sollten nicht davon abhalten.

Solche nüchternen und sicher für manche jungen Eheleute recht verdrießlichen Erwägungen sollen keineswegs so aufgefaßt werden, als ob in einer jungen Ehe Verzicht und Kärglichkeit das Wort zu führen hätten. Ganz im Gegenteil! Es ist so nötig, daß Claudia und Hans ihre Hobbies in einer ihren Finanzen angepaßten Weise weiterführen. Noch schöner ist es, wenn sie beide ein gemeinsames Hobby entdecken und dafür einen angemessenen Betrag jeden Monat einplanen. Weil es für eine junge Ehe wichtig ist, sich von Anfang an gemeinsame Erlebnisse zu schaffen, sollten Beträge, die die Teilnahme an einem Sportverein, in einer Reisegruppe oder an Geselligkeiten ermöglichen, nicht unberücksichtigt bleiben. Dazu gehört auch, daß man sich nicht in seine vier Wände zurückzieht, sondern entweder allein oder mit Freunden hin und wieder schick ausgeht. Umfang und Anzahl solcher monatlichen Höhepunkte werden gemeinsam festgelegt, aber ganz unterbleiben sollten sie nicht. Die gegenseitige Rücksichtnahme ist hier wichtig. Mag sein, daß Hans nicht gern tanzen geht, aber Claudia möchte eben gern. Hans meint, sie wolle ja nur dabei andere Männer kennenlernen. Meist ist ein solches Mißtrauen völlig unberechtigt. Claudia hat einfach Freude am Tanzen, und bei Hans kann die Weigerung, mitzukommen, vielleicht nichts anderes sein als eine versteckte Angst, seine Claudia zu verlieren. Schöne Dinge gemeinsam tun, das ist eine zwar sehr einfache, aber sehr wichtige Regel für jede Ehe. Nicht vergessen werden darf bei solchen Überlegungen auch die gemeinsame Garderobe. Vielleicht wird Hans erstaunt sein, was so eine Frau alles meint nötig zu haben. Aber er sollte es nicht sein. Claudia macht sich ja doch nur für ihn schön, und sie fühlt sich nur wohl, wenn sie weder auf gelegentliche neue Kleidung noch auf Kosmetika verzichten muß. Eher scheint bedenklich, wenn sie an all diesen Dingen kein Interesse hat. Dann könnte nämlich im Hintergrund so eine Art Besitzdenken sich breitmachen. Claudia könnte meinen, sie hätte ihren Hans ja nun fest, und sie brauche sich eigentlich gar nicht mehr für ihn schön zu machen. Ein solches Denken rächt sich in der Ehe immer. Es gilt nicht nur für Claudia, sondern es gilt ebenso für Hans. Auch in diesen äußeren Dingen gilt es, sich täglich neu zu erobern und täglich darüber glücklich zu werden, daß man den anderen noch »verführen« kann. Wenn das einmal wegfällt, beginnt eine Ehe langweilig zu werden. Nicht der Ehekrach ist der sichere Tod einer Ehe, sondern – die Langeweile.

Zu den Problemen der ersten Zeit gehört auch die Wohnungssuche. Bei den schwindelnden Höhen, die Mietpreise heute erreicht haben, wird man bis zu einem Drittel des Nettogehaltes für die Miete ansetzen müssen. Was liegt dann näher, als auf das Angebot der Eltern einzugehen, bei ihnen zu wohnen oder im

Haus die untere Etage zu beziehen. Auf die Gefahr hin, es jetzt mit allen Eltern und Schwiegereltern endgültig zu verderben: Hier muß abgeraten werden. Junge Eheleute gehören in eine Wohnung für sich. Häufig bietet auch das gemeinsame Haus mit den Eltern oder Schwiegereltern nicht genug Möglichkeiten, sich voneinander zu distanzieren. Die Vorsätze sind bei beiden Teilen im Anfang immer gut. »Selbstverständlich werden wir euch nicht stören«, sagt Claudias Mutter. Aber Claudia wird eben doch immer wieder in Versuchung sein, den Krach mit Hans auch mit der Mutter schnell in der Zeit zu besprechen, in der Hans nicht zu Hause ist. »Ist doch Unsinn, sich eine teure Wohnung zu mieten, wenn ihr bei uns wohnen könnt«, sagt der Vater von Hans, und Hans nickt. Claudia muß das einsehen, aber die Angst sitzt tief, daß sie dann ständig unter Kontrolle steht. Hatte nicht die Schwiegermutter ihr schon des öfteren wohlmeinende Ratschläge gegeben, was und wie sie für den Goldjungen kochen solle? War nicht schon immer mal eine Bemerkung darüber gefallen, sie solle doch lieber dies tun und jenes lassen, weil es Hans eben so und nicht anders haben wolle? Würde das nicht doch bei allem guten Willen sich noch steigern, wenn man die Möglichkeit hat, sich jeden Tag zu sehen? Nein, tausendfache Erfahrung lehrt es, daß sich das finanzielle Opfer für die eigene Wohnung immer auszahlt. Die Aufgabe, miteinander etwas Neues, ganz Eigenes zu werden, ist gerade in den ersten Jahren einer Ehe so wichtig und so nötig, daß man alles beiseite lassen soll, was das Eigenständigwerden erschweren könnte.

21. Der Nebenverdienst

Hans sitzt im Sessel und liest Zeitung. Plötzlich springt er auf, läuft in die Küche und hält seiner Claudia ein Zeitungsangebot vor die Nase. Ganz erregt ist er und wild entschlossen auf das, was er soeben gelesen hat, einzugehen. »Schau mal, Claudia, da bietet doch die Firma Müller & Co. an, nach Arbeitsschluß für sie noch ein paar Buchungsarbeiten zu übernehmen. DM 400,– netto wollen die dafür im Monat zahlen. Stell dir mal vor, was wir uns da alles noch leisten können.« Zunächst ist Claudia begeistert. Der kleine Wagen taucht plötzlich vor ihrem inneren Auge auf, und die Polsterecke könnte auch ganz gut einen Anbau vertragen. Also stimmt sie zu. Zuerst geht auch alles gut. Man hatte sich auf drei Abende in der Woche geeinigt, und Claudia hatte sich für diese Abende vorgenommen, alles das zu tun, was im Laufe des Tages liegenblieb. Wenn aber Hans nach Hause kommt, ist er müde, sehr müde . . . Zum Ärger im Büro kommen noch Unstimmigkeiten mit der Firma Müller & Co., weil er dieses oder jenes angeblich nicht richtig oder nicht schnell genug fertiggestellt habe. Die psychische Belastung für Hans wächst, und die Müdigkeit am Abend tut der Ehe gewiß nicht gut. Aufhören ist aber jetzt schwierig. Der Ratenvertrag für die inzwischen gelieferten Polstermöbel läuft und kann von dem Einkommen der beiden allein nicht abgedeckt werden. Nur – die Harmonie ist weg. Die Abende werden langweilig, schweigend, und man beginnt sich gegenseitig anzugähnen.

Sogenannte Nebenverdienste können anstrengender sein als die Tagesarbeit. Sie verlangen innere Umstellung und verlangen Preisgabe von Freizeit. Ehe ein solches Angebot erwogen wird, sollte man sich sehr genau die Folgen überlegen. Wenn das Geld nicht unabdingbar gebraucht wird, dann sollte Hans auf jede Nebentätigkeit dieser Art verzichten. Vielleicht aber ist er gar nicht auf das Geld erpicht; vielleicht ist er heimlich und unausgesprochen froh, nicht jeden Abend zu Haus bei Claudia sitzen zu müssen? Das könnte ein Alarmzeichen für die Ehe sein. Nebenbeschäftigungen werden sehr häufig damit bemäntelt, daß man ja für die gemeinsame Ehe etwas tun wolle. »Ich tu das ja nur für dich«, sagt Hans, aber er spürt, daß es so eigentlich gar nicht stimmt. Später, wenn Kinder da sind, die mit den Eltern abends reden oder mit ihnen spielen oder spazierengehen wollen, werden vielleicht auch sie von ihren Eltern, die jeden Abend bis 23 Uhr im Geschäft stehen, zu hören bekommen: »Seid doch nicht so undankbar, wir tun ja das alles nur, damit ihr ein schönes Leben habt.« Gewiß haben die Kinder dann jeder ihr eigenes Zimmer und jeder den eigenen Farbfernsehapparat ebenso selbstverständlich wie das Moped oder sogar den Zweit- und Drittwagen. Nur – Liebe haben sie nicht, und Eltern, die jeder Aussprache aus dem Weg gehen und das vor sich und ihren Kindern damit bemänteln, sie täten das alles ja nur gerade eben für ihre Kinder. Vordergründig mag Hans durchaus von seinem Argument ebenso überzeugt sein, wie so viele Eltern es ihren Kindern gegenüber sind. Im Unbewußten aber schwingt die Angst vor dem Gespräch miteinander mit und schafft eben jene Glaswand, durch die man sich zwar noch sieht, durch die hindurch aber man nicht zueinander findct.

Schwieriger wird das Problem, wenn einer der beiden Ehepartner an eine berufliche Umschulung denkt. Hier wird noch genauer zu überlegen sein, was vordergründig dafür spricht und was eigentlich die geheimen, unbewußten Gründe für eine solche Entscheidung sind. Beide Ehepartner müssen sich in einem solchen Fall darüber klar sein, daß es sich hier um eine nach vielen Seiten hin sehr schwerwiegende Entscheidung handelt. Im Gegensatz zu einem Nebenverdienst kann eine einmal angefangene Umschulung nur schwer abgebrochen werden. Gewährte Ausbildungs- oder Überbrückungsbeihilfen müssen oft zurückgezahlt werden, falls der Versuch, in die ersehnte Stellung aufzusteigen, nicht gelingt. Beide Ehepartner werden sich bei einer Umschulung in fast allen Fällen auf eine Zeit von mehreren Jahren einzustellen haben und müssen sich vergegenwärtigen, was die lange Mehrbelastung für den bedeutet, der diesen Entschluß gefaßt hat, aber auch für den anderen, der diesen Entschluß begleitet. Es gibt ein paar Überlegungen, die in jedem Fall vor der Frage des Berufswechsels angestellt werden sollten. So ist z. B. die Begründung, man halte es in seinem jetzigen Beruf nicht aus, zumal die Mitarbeiter und die Abteilungsleiter alle unausstehliche Burschen seien, niemals ausreichend. Mitmenschliche Schwierigkeiten, die Hans in seinem Beruf hat, wird er mit Sicherheit in seinen neuen Beruf mit hinübernehmen. Hier würde vermutlich die Aufnahme in eine irgendwie geartete psychotherapeutische Behandlung erfolgreicher sein als ein langandauernder Umschulungsprozeß, der das Nervenkostüm nicht gerade widerstandsfähiger macht und die inneren Probleme höchstens zurückdrängt, aber nicht zu lösen vermag. Anders stellt sich das Problem dar, wenn Hans aus Gründen, die er nicht zu verantworten hat, mehr oder weniger in seinen augenblicklichen Beruf hineingetrieben worden ist. Mag es eine autoritäre Entscheidung des Vaters gewesen sein, der einfach befohlen hatte, der Junge müsse eben diesen und keinen anderen Beruf ergreifen; mag es die damalige finanzielle Lage der

Eltern gewesen sein, die eine andere Ausbildung nicht ermöglichte, oder eine sich erst im späteren Alter herausstellende Spezialbegabung, die zu einem solchen Entschluß führt: Alle diese Argumente werden ernster genommen werden müssen als der so vordergründige Wunsch, »mal was anderes« zu machen. Aber auch Fragen des Sozialprestiges müssen erwogen werden. Niemand in unserer Zeit sollte sich mehr an der überholten Anschauung festklammern, die besagt, es sei das beste, der »Schuster bleibt bei seinem Leisten«. Kein ungelernter Arbeiter muß sein Leben lang ungelernter Arbeiter bleiben, niemand soll sich das Recht auf sozialen Aufstieg vermiesen lassen. Wenn unser Staat hierbei finanziell hilft, so gibt er keine Almosen, sondern tut seine gesetzliche Pflicht. Wir sollten bei allem, was wir an unserem Staat nicht gerade ideal finden, nicht vergessen, die Möglichkeiten, die er uns in so reichem Maße bietet, auszuschöpfen. Das aber hat nichts zu tun mit jener ewigen Stichelei, die eigentlich den Ehepartner zu nichts anderem benutzen will, als ihn zum Aushängeschild des eigenen Prestigedenkens zu machen. »Wenn du noch auf die Universität gehst, dann kannst du eines schönen Tages Studienrat sein.« So sagt Claudia ihrem Hans eigentlich immer wieder, der sich als Lehrer an einer Grundschule sehr wohl fühlt und dort seine pädagogischen Fähigkeiten voll entfalten kann. Natürlich sind die Gehaltsstufen, die zwischen seinem jetzigen Einkommen und dem eines akademisch gebildeten Lehrers liegen, zur Zeit noch recht beträchtlich. Aber gerade hier wird z. B. ein einheitliches Besoldungssystem im Verlauf der Bildungsreform angestrebt, so daß die finanzielle Frage zumindest nicht allein entscheidend sein müßte. So wird es in vielen Fällen sein. Was soll der neue Beruf eigentlich bringen? Finanzielle Verbesserungen sind nicht nur schön, sondern unter Umständen für die Lebensführung ausschlaggebend. Was aber, wenn es sich herausstellt, daß Hans zwar den Ausbildungsbedingungen seines neu gewählten Berufes entspricht, auch die erforderlichen Prüfungen besteht, dann aber in der neuen Tätigkeit ja immer »der Neue« ist? Niemand wird ihn fragen, wieviel Ausbildungsjahre und Berufserfahrung er aus seinem früheren Beruf in den neuen mit hinüberbringt. Er muß in jedem Fall damit rechnen, auch als Fünfunddreißigjähriger »der Neue« zu sein, den man mit großer Selbstverständlichkeit von unten anfangen läßt. Berufswechsel muß von den verschiedensten Seiten her betrachtet werden. Er ist selbstverständlich notwendig, wenn Krankheiten, Unfallschäden oder eine völlig veränderte Lebenssituation dazu zwingen. Er ist fraglich, wenn ausschließlich finanzielle Gründe hierfür vorgebracht werden können, und er ist bedenklich, wenn Claudia und Hans entdecken, daß sie ja eigentlich nichts anderes wollen als einen neuen Titel und neues Ansehen bei den Freunden.

Unter ganz anderen Vorzeichen muß das Problem der ständigen Weiterbildung innerhalb des erwählten Berufes gesehen werden. In dieser sich so schnell verändernden Zeit ist es eine Notwendigkeit, lebenslang zu lernen. Das gilt für beinah alle Bereiche des täglichen Lebens, ganz bestimmt aber für die ständige Fort- und Weiterbildung innerhalb der Berufssparte. Zusätzliche Prüfungen, weiterführende Ausbildungslehrgänge, Fortbildungskurse und eigene Bildungsarbeit durch Bücher und Fachzeitschriften sind nahezu in allen Berufen heute unerläßlich. Das gilt sowohl für die Berufswelt des Mannes als auch für die der Frau. Beide Ehepartner werden sich hierauf einstellen müssen. Darum ist es notwendig, die Freizeit ebenso zu planen und in den Tageslauf einzubeziehen wie die gemeinsame Verwaltung des Geldes.

Mit viel Anpassungsvermögen und etwas gegenseitigem Geschick und gutem Willen kann hier viel erreicht werden. Ziel solcher gemeinsamen Überlegungen sollte für beide Ehepartner dies sein, daß ihnen genügend gemeinsame freie Zeit verbleibt. Wenn aber ein freier Abend oder ein freies Wochenende eingeplant ist, dann soll man sich auch fast durch nichts daran hindern lassen, diese gemeinsame Freizeit zusammen zu genießen. Plötzlich angesagtem Besuch kann dann ebenso mit gutem Gewissen abgesagt werden, wie auftauchende Eltern und Schwiegereltern Verständnis dafür haben sollten, daß sie nicht gerade diese so kostbar gewordene Freizeit in einer jungen Ehe gefährden. Es gibt heute vor dem 50. Lebensjahr bestimmt keinen Zeitpunkt, zu dem man ein für allemal Lehrbücher und Fachzeitschriften wegpacken könnte oder meinen dürfte, jetzt wisse man genug. Ob diese Tatsache zum tödlichen Leistungsstreß wird oder ob sie gemeinsam gemeistert wird, um sich so ein erfülltes, sinnvolles Leben aufzubauen, das wird weitgehend auch daran gemessen werden können, in wieweit man bereit ist, »des anderen Last« wirklich mit zu tragen.

Wer den Illustrierten glaubt und der Fernsehreklame zusieht, kann den Eindruck bekommen, es gäbe in unserer Welt nur junge und kerngesunde Menschen. Was sich da zwecks Propaganda für eine Sonnencreme oder für den Erwerb des Eigenheimes auf dem Fernsehschirm präsentiert, strotzt von Jugend und Kraft. Erfolgversprechende Medikamente aller Art behaupten, man brauche nur dieses oder jenes Mittel regelmäßig einzunehmen, man brauche nur diese oder jene Übung tagtäglich zu absolvieren, um gleichsam in den Besitz immerwährender Gesundheit und Jugend zu kommen. Weil aber jeder ahnt, daß solche Versprechungen im Grunde leer sind, ist die Angst vor dem Krank- und Altwerden unter uns groß. In der Tat kann auch eine anhaltende Krankheit einen Lebensplan von Grund auf umwerfen und das Altwerden bringt einen Verlust an geistiger und körperlicher Spannkraft mit sich, den niemand wegdebattieren kann. Dieser Tatsache gegenüber gibt es zwei sehr verschiedene Verhaltensmöglichkeiten: Man kann wie das Kaninchen vor der Schlange hilflos und gebannt auf das heranrückende Alter oder die eventuelle Erkrankung starren und dabei in jeder Beziehung regungslos werden, oder man kann ruhig und nüchtern diese Dinge in sein Leben einkalkulieren, um mit ihnen zu leben. Wenn wir auch meinen, wir sollten uns selbstverständlich für die zweite Möglichkeit entscheiden, so handeln wir doch häufig so, wie eben jenes besagte Kaninchen.

22. Jünger werden wir alle nicht.

Auch in den Überlegungen, die wir nun über Gesundheit und Krankheit miteinander anstellen wollen, werden wir versuchen, so illusionslos und so nüchtern wie möglich zu bleiben. Der wissenschaftliche Fortschritt wird niemals so groß werden, daß er die Krankheiten aus der Welt schaffen kann, und keiner Zeit wird es gelingen, den Menschen die seit Jahrtausenden ersehnte Unsterblichkeit zu bringen. Wir haben also mit der Tatsache zu leben, daß auch in unserem Leben Krankheit und Alter eine Rolle spielen müssen. Aber wir können einiges dafür tun, um dem allen nicht ungewappnet gegenüberzustehen. Da ist zunächst der schon oben erwähnte finanzielle Schutz durch eine Krankenkasse bzw. durch eine zusätzliche Krankenversicherung, die zu der vom Betrieb oder vom Arbeitgeber her bestehenden Krankenversicherung hinzutreten sollte. Damit ist aber keineswegs genug getan. Der alte ärztliche Grundsatz, wonach Vorbeugen besser als Heilen ist, wird nur zu oft unbeachtet gelassen. Auch in gesunden Tagen sollten junge Menschen mindestens zweimal im Jahr ihren Arzt zu einer Untersuchung aufsuchen. Vom 30. Lebensjahr an sollte für Mann und Frau dazu eine Vorsorgeuntersuchung gegen Krebs nicht außer acht gelassen werden. Solche Vorsorgeuntersuchungen werden in voller Höhe von der Kasse übernommen, sind für den Besucher also kostenfrei. Dennoch ist es eine erschreckende Tatsache, in wie wenigen Fällen von dieser Möglichkeit Gebrauch gemacht wird. Keine Krankheit, die frühzeitig entdeckt wird, ist ein Todesurteil. Wenn wir auch noch nicht erreicht haben alle Krankheiten dieser Erde zu heilen, so ist doch in fast allen Fällen die Möglichkeit gegeben, den Krankheitsverlauf zu stoppen oder so zu verlangsamen, daß die Lebens- und Arbeitsfähigkeit lange Zeit gewährleistet werden kann. Das gilt gerade auch für alle Formen des Krebses. Die heimliche Angst, die in uns allen vor solchen Krankheiten sitzt, verhindert unseren Gang zum Arzt gerade dann, wenn wir in irgendeiner Form mutmaßen, es könne bei uns irgend etwas nicht in Ordnung sein. Hier ist der richtige Weg zwischen einer überängstlichen Haltung und der Fahrlässigkeit zu finden, in der man meint, schließlich sei man noch so jung, und es könne im Grunde nichts Ernstes passieren. Die Art der ärztlichen Versorgung in unserer Bundesrepublik läßt erfreulicherweise bis zur Stunde noch die Möglichkeit offen, sich den Arzt zu suchen, zu dem man Vertrauen hat. Er sollte möglichst in der Nähe wohnen, und er sollte langsam zum Hausarzt für alle Zeiten werden. Es müssen schon ganz besondere Gründe sein, die einen Arztwechsel veranlassen können. Eine gelegentliche Unstimmigkeit zwischen Arzt und Patienten, das überfüllte Sprechzimmer oder der so häufig trügerische Eindruck, der Arzt wisse im Grunde nicht, was einem fehle und behandle darum falsch, sollte nicht einfach zum Abbruch der Arzt–Patient-Beziehung führen. Gerade zu einem Zeitpunkt, in dem wir immer deutlicher erkennen, wie sehr seelische Belastungen und Probleme der Umwelt auch das körperliche Befinden beeinflussen, ist es notwendig, wenn der Arzt von seinem Patienten mehr kennt als dessen Röntgenbild. Der Arzt, der um das Problem der zu engen Wohnung weiß, der beide Ehepartner unter vier Augen gesprochen hat, der vielleicht sogar die Eltern und Verwandten seiner Patienten kennt, kann sich sehr viel besser in die Hintergründe der Beschwerden hineinfühlen, als jener Arzt, der seinen Patienten zum erstenmal sieht, ohne dessen Umwelt überhaupt nur zur Kenntnis nehmen zu können. Dabei ist dem Patienten selbstverständlich das Recht zuzusprechen, bei seinem Arzt nicht nur Zuhörer, sondern auch Fragender zu sein. Heute sitzt kein Medizinmann im weißen Kittel einem völlig ahnungslosen, verschüchterten Wesen gegenüber, sondern es begegnen sich zwei Menschen verschiedener Fachrichtungen, die jeweils in den ihnen zugewiesenen Bereichen Verantwortung zu tragen und dafür Spezialkenntnisse erworben haben. Der Arzt ist weder Diktator noch autoritärer Herrscher über seinen Patienten, so wie der Patient weder Besserwisser sein sollte noch dem Arzt etwas verschweigen darf. Es geht um eine Atmosphäre des gegenseitigen Vertrauens, aus der allein wirkliche Heilung kommen kann.

23. Seelische Krankheiten kann man verstehen lernen

Was aber, wenn der Arzt nach wiederholter Untersuchung keine Schädigungen am Herzen feststellen kann, Frau A. aber ihre Herzschmerzen dennoch nicht los wird? Was aber, wenn der Blutdruck von Herrn B. völlig normal ist, Herr B. aber dennoch angibt, dauernd unter schweren Schwindelanfällen zu leiden?

Schaun wir uns einmal einen solchen Fall an: »Herr Doktor«, berichtet Frau A., »mein Herzstechen wird immer schlimmer. Es beginnt beim Aufstehen, wird dann im Laufe des Tages besser, und so gegen Abend wird es wieder ganz schlimm. Mein Herz schlägt und schlägt so, daß ich immer Angst habe, mir passiert etwas. Ich muß mich dann schnell hinlegen, und mein Mann und meine Kinder bemühen sich auch rührend um mich, bis es wieder besser wird.« Doktor Y. hört ruhig zu. Seine sehr gründliche Untersuchung des Herzens, alle Messungen der Herztätigkeit und seine sonstigen Untersuchungen lassen nicht das feststellen, was man einen medizinischen Befund nennt. Frau A. schildert immer wieder, wie rührend sich die Kinder und vor allem der Ehemann um sie kümmern, wenn einer dieser gefürchteten Herzanfälle eintritt. Doktor Y. fragt Frau A. nach ihrer Ehe. Plötzlich wird Frau A. schweigsam, und schon kommen die ersten Tränen. »Ach, wissen Sie, Herr Doktor, früher war mein Mann ja immer sehr nett zu mir. Wir gingen oft miteinander aus, und mein Mann hatte viel Zeit für seine Kinder und für mich. Heute ist das ganz anders. Er kommt nach Hause, sagt kurz und mürrisch n'Abend, zieht sich seine Jacke aus, setzt sich an den Abendbrottisch; anschließend sitzen wir beide vor dem Fernsehen, und es ist so, als ob ich nicht mehr existiere. Was er nur hat? Ich glaube gar nicht, daß es eine andere Frau ist, aber ich bin einfach Luft für ihn.« Ob das denn schon lange gehe, fragt Dr. Y. »Nein«, sagt Frau A., sie könne sich genau daran erinnern, seit wann die Sache so liefe, wie sie jetzt sei. »Ach«, meint Frau A., »eigentlich von dem Augenblick an, als die Kinder kamen. Von da an hatte ich den Eindruck, er sieht nur noch die Kinder und nicht mich. Die Kinder bedeuten ihm eigentlich alles. Dann aber kommt ein großer, tiefer Graben, und dann – ja dann komme ich wohl irgendwann auch einmal. Ich habe immer den Eindruck, ich bin Luft, er sieht durch mich hindurch.« Dr. Y.: »Manchmal haben Sie also den Eindruck, Sie müßten sich Ihrem Mann bemerkbar machen, damit er überhaupt noch weiß, daß Sie da sind?« Frau A. (sehr lebhaft): »Genauso ist es, Herr Doktor, ganz genauso. Aber er reagiert ja auf nichts. Ich kann ihm das beste Essen hinsetzen, ich kann ihm irgend etwas erzählen, aber wie gesagt – ich bin nur Luft für ihn.« Jetzt wird Dr. Y. einiges klar. Es sind die Herzanfälle, die dazu dienen müssen, um der Frau zu ihrem Recht zu verhelfen. Natürlich sind diese Herzanfälle nicht »eingebildet«, wie der Volksmund das oft so nennt. Natürlich ist Frau A. nicht in diesem Sinne »hysterisch«, wie Herr A. das wohl oft abschätzend am Stammtisch von ihr behauptet hat. Sie »will« diese Herzanfälle nicht hervorrufen, aber sie treten ein, weil dies die einzige Möglichkeit ist, um jenes Maß von Zuneigung und Anerkennung zu finden, ohne das Frau A. nun einmal nicht leben kann. Im weiteren Gespräch mit Frau A. erfährt Dr. Y. dann, daß sie eine recht gute Erinnerung an die Krankheiten ihrer Kinderzeit habe: »Wenn ich krank war, dann kam Vater zu mir ans Bett, streichelte mich und las mir vor. Dann war ich sein liebes Kind, bekam zu essen, was ich wollte, und

Mutter durfte nicht mit mir schimpfen.« Es ist nun noch ein langer Weg bis dahin, daß Frau A. erkennt, wie sie eine Situation ihrer Kinderzeit mit ihren Herzanfällen immer wieder aufnimmt, und es bedarf viel Geschick, um Herrn A. davon zu überzeugen, daß er ungewollt und unbeabsichtigt an den Herzanfällen seiner Frau nicht schuldlos ist. In dem Maße, in dem Herr A. die Zuwendung zu seiner Frau wiederfindet und in dem Maße, in dem Frau A. nicht mehr das kleine Mädchen aus den Tagen der Kinderkrankheiten »spielt«, werden bei diesem ärztlichen Befund die Herzschmerzen zurückgehen und schließlich ganz verschwinden. Dr. Y. wird vermutlich für Frau A. und Herrn A. den Besuch bei einem Eheberater empfehlen. Dann sollten beide Eheleute aber nicht so töricht sein zu meinen, daß man mit so etwas allein fertig werden müsse, sondern sollten diesen Rat befolgen. Eheberater und Psychotherapeuten sind ebenso wenig Wunderdoktoren wie Ärzte. Auch bei ihnen dauert die Heilung eines solchen seelischen Prozesses seine Zeit. Gerade sie bedürfen des vollen Vertrauens ihrer Besucher. Hier aber sollten weder Kosten noch Zeit gespart werden, damit nicht die medizinisch nicht feststellbaren Beschwerden sich in einer wirklichen Herzerkrankung niederschlagen.

Bei Herrn B. sehen die Dinge komplizierter aus. Er ist ein rüstiger vierzigjähriger Angestellter in einer leitenden Position. Er hat es schwer gehabt, sich dort hinaufzuarbeiten, wo er jetzt ist. Die Schulbildung auf dem Dorf nach Kriegsende war recht mäßig gewesen. In seiner Freizeit mußte er viel auf dem Hof helfen; Zeit und Geld für weiterführende Schulen waren nicht vorhanden. So lernte Herr B. in Abendkursen mit großem Einsatz immer Neues hinzu, bestand Examen auf Examen, bis er es schließlich zu dem gebracht hatte, was er heute darstellt. Seine Frau entstammt gutbürgerlichen, wohlangesehenen Kreisen der Kleinstadt, in der beide miteinander wohnen. Zu einem Häuschen hat man es auch gebracht, die Kinder sehen blitzsauber aus und gehorchen aufs Wort. Herrn B. und seine Frau sieht man nur zusammen, und die Umgebung sieht ein wenig neidisch auf diese Ehe, die so fehlerfrei und so makellos zu sein scheint. Herr B. meint das auch. Er ist auf seine Stellung ebenso stolz wie auf seine Frau und seine Kinder, und sein Selbstvertrauen ist beachtlich gewachsen. Die Familie fährt gemeinsam in das Gebirge, und auf einer ganz leichten Bergtour überfallen Herrn B. zum erstenmal Schwindelanfälle. Er kann keinen Schritt vorwärts oder rückwärts gehen, er hat das Gefühl, im nächsten Augenblick abstürzen zu müssen. Nur mit Mühe gelingt es seiner Frau, ihn an der Hand haltend wieder in das Tal zurückzubringen. Zunächst meint Herr B., das alles ginge wieder vorüber. Aber trotz guter Erholung bekommt er ähnliche Schwindelanfälle, wenn er sein Büro betritt, wenn der Chef ihn zu einer Besprechung in sein Zimmer ruft, und wenn er abends nach Haus kommt. Auch er geht zu seinem Hausarzt Herrn Dr. Y. Nach gründlicher Untersuchung kann dieser nichts feststellen, was die Schwindelanfälle erklärbar macht. So schickt er also Herrn B. zu seinem Kollegen, dem Facharzt für Neurologie und Psychiatrie, ob sich vielleicht eine gefährliche Erkrankung im Nervensystem feststellen lasse. Aber auch diese Untersuchung ergibt erfreulicherweise keinerlei Grund zur Besorgnis. Es ist alles, was die Ärzte sagen, o. B. (ohne Befund). Herr B. geht erleichtert nach Haus, aber – die Schwindelanfälle hören nicht auf. Herr B. erscheint wieder bei Dr. Y., der inzwischen den Untersuchungsbefund seines Kollegen vor sich liegen hat. Herr Y. meint, Herr B. solle sich doch einmal zu einem längeren Gespräch Zeit nehmen und bestellt ihn abends in seine Sprechstunde. Diesem Gespräch folgen noch mehrere. Einmal äußert Herr B. nach längerem Schweigen folgendes: »Wissen Sie, Herr Doktor, wenn man einen so steilen Berufsweg hat gehen müssen, hat man doch immer wieder Angst, einmal von vorn anfangen zu müssen. Jetzt ist man nun 40 und weiß genau, daß die Kräfte langsam nachlassen werden. Ob ich dann meine Stellung wohl halten kann? Schließlich habe ich mir doch meine Fähigkeiten anders erworben als meine Kollegen. Die haben alle Abitur und haben einen Freundeskreis noch von ihrer Schule her, bei dem sie sich Rat holen können. Aber wen habe ich denn? Meine Eltern kann ich nicht fragen, die sind zu alt und verstehen auch gar nichts. Meine Frau möchte ich nicht fragen, weil ich Angst habe, sie könne denken, ich sei in meinem Beruf nicht leistungsfähig. Na, und den Chef – ach, Sie wissen ja, Herr Doktor, dem kann man mit so was ja nicht kommen. So habe ich immer Angst, mein ganzes Leben fällt einmal zusammen wie ein Kartenhaus, und ich erwache wieder wie aus einem Traum als der Hütejunge, der ich früher auf unserem Hof gewesen bin.« Dr. Y.: »Sie haben also Angst, aus Ihrer Position abzustürzen?« Herr B.: »Ganz genau das ist es; weiter hinauf möchte ich auf keinen Fall. Der Chef hat mir angedeutet, ich sollte noch eine Stufe höher kommen. Aber gerade davor hab' ich Angst. Nur – das kann ich ihm doch nicht sagen. Dann wird er ja mißtrauisch. Wissen Sie, Herr Doktor, ich will ja gar nicht weiter hinauf, ich bin ja schon froh, wenn ich dort bleiben kann, wo ich jetzt bin . . .«

Auch hier bedurfte es noch eines langen Weges, um Herrn B. klarzumachen, daß der Schwindelanfall auf jener Bergtour nichts anderes war als der Ausdruck seiner Gefühle, die er durch seinen Berufsweg in sich verfestigt hat. Es war in diesem Falle Herrn Dr. Y. zeitlich nicht möglich, Herrn B. die notwendige Behandlung zukommen zu lassen. So überwies er Herrn B. an einen qualifizierten Psychotherapeuten. In einem langen Prozeß mußte Herr B. seine Angst abbauen lernen und empfand seinen Psychotherapeuten zunächst als den liebevollen Begleiter, dann plötzlich als den Vater, vor dem man Angst haben müsse, schließlich als den Chef, dem gegenüber man sich nur retten könne, wenn man schweigt und gar nichts sagt, bis er endlich zu einer klaren und ruhigen Position seinem Psychotherapeuten gegenüber zurückfand. Es hat dies eine Menge Zeit gekostet. Herr B. mußte auch erst auf seine Behandlung warten, weil er zunächst nur einen Platz auf der Warteliste erhalten hatte. Aber Herr B. blieb eisern. Er wollte von dem schrecklichen Gefühl seiner Angst loskommen und ahnte auch, daß ihm Medikamente hier nur wenig würden helfen können. Die Schwindelanfälle ließen nach, ja schließlich »vergaß« Herr B., schwindlig zu werden, wenn sein Chef in sein Zimmer trat. Mit seiner Frau konnte er nach einiger Zeit ein längeres Gespräch darüber führen, daß er auf keinen Fall noch eine Stufe höher kommen wolle, und seine Frau ließ sich davon überzeugen, daß dies weder für sie noch für die Kinder gut wäre.

Waren Frau A. und Herr B. nun im wirklichen Sinne »krank«? Gewiß waren sie das, aber sie gehörten zu den vielen, vielen Menschen unserer Tage, die die Angst vor dem Leben oder die Schwierigkeiten mit ihrer Umwelt krank machen. Hilfe ist auch hier in den meisten Fällen möglich, wenn solche Zustände nicht schon zu lange bestehen. Von seiten des Ratsuchenden aber wird ebenso viel Beharrlichkeit verlangt wie Vertrauen und

Bereitwilligkeit, sich einer solchen Behandlung vertrauensvoll zu stellen.

Ja, es stimmt: Gesundheit und Geld sind wichtige Faktoren in unserem Leben. Wir können aber mehr für beides tun, als wir oft annehmen, und wir tun für unsere Gesundheit und für unsere materielle Sicherheit oft dann am meisten, wenn wir beiden den Platz in unserem Leben zuweisen, der ihm gebührt: Nicht zu wenig, aber auch nicht zu viel.

AUCH IN DER EHE STEHT DIE ZEIT NICHT STILL

Bisher haben wir über die Ehe so geredet, als ob es das Natürlichste und Einfachste in der Welt sei, sich zu heiraten und ein Leben lang zusammenzubleiben. So natürlich aber ist das gar nicht.

24. Neue Eheformen?

Viele junge Menschen unserer Tage stellen sich die Frage, ob nicht die Ehe in ihrer heutigen Form überholt sei. Stimmen werden laut, die da meinen, die Ehe sei das Ende der Liebe und alle Zärtlichkeit und Zuneigung versinke nach und nach in dem großen Meere der Langenweile, wenn eine Ehe sich Jahr für Jahr hinschleppt. In der Tat zeigen manche Ehen um uns herum dieses Bild. Man wohnt noch zusammen, man ißt gemeinsam, gelegentlich schläft man auch miteinander, und an hohen Fest- und Feiertagen tauscht man Zärtlichkeiten aus, die mehr für die Öffentlichkeit als für den Partner bestimmt sind. Man lebt nicht mehr miteinander, sondern nebeneinander und im geheimen öfter auch gegeneinander. Ist es jungen Menschen dann zu verdenken, wenn sie sich die Frage stellen, ob Ehe überhaupt noch sinnvoll sei oder ob nicht zumindest die Einehe geändert werden müsse in eine Vielzahl verschiedener Bindungen, die man nach Lust und Laune dann wechseln kann, wenn einem der Sinn danach steht? Solche Fragen sollten ernst genommen werden. Sie sind weder ein Ausdruck von Leichtfertigkeit, noch von Verantwortungslosigkeit. Sie entsprechen vielmehr unseren höheren Anforderungen, die wir an das Leben stellen und die wir mit dem verbinden, was wir das Glück nennen. Wir haben ein Recht darauf, glücklich zu sein. Niemand kann uns das vermiesen. Auch wenn wir wissen, daß alles Glück letztlich ein großes Geschenk der Gnade Gottes ist, so ist aber Unglück und auch unglückliche Ehe nicht in jedem Fall ein blindes Schicksal, dem wir uns wehrlos ausliefern müßten. Wer seine Ehe mit dem Herzen und mit dem Verstand gemeinsam führt, wer bereit ist, auf den anderen zu hören, und bereit ist, ein Leben lang auch in den Dingen der Ehe hinzuzulernen, der muß den Krisen, denen jede Ehe ausgesetzt ist, keineswegs ratlos entgegensehen.

Es ist eine merkwürdige Tatsache, daß trotz der vielen Diskussionen darüber, ob die Ehe des einen Mannes mit der einen Frau mit dem Vorsatz auf lebenslange Bindung geschlossen, heute noch zeitgemäß sei, nicht von einer »Krise der Ehe« ernstlich gesprochen werden kann. Mehr denn je ist es die Sehnsucht junger Menschen, einen Partner zu haben, dem man lebenslang angehört, der in allem Auf und Ab des Lebens unbedingt zu einem steht und der einem die Sicherheit gibt, in den Wechselfällen des Lebens nicht ständig auf einen anderen Menschen außer diesem einen Partner angewiesen sein zu müssen. Die Hits und die Folklore-Lieder unserer Tage, die meist ein untrüglicher Maßstab dessen sind, was junge Menschen eigentlich denken, handeln beinah ohne Ausnahme davon, daß die Sehnsucht auch unserer Zeit heißt: du allein, mit dir allein und mit dir allein bis zu meinem Lebensende. Eines allerdings hat sich strikt gewandelt: Die sogenannte doppelte Moral, derzufolge dem jungen Mann vor der Ehe eigentlich alles erlaubt sei, das junge Mädchen aber »natürlich« unberührt in die Ehe einzutreten habe, ist endgültig vorbei. Es ist dies nicht zu bedauern. Die Möglichkeit, heute fast hundertprozentig empfängnisverhütende Mittel zu besitzen, mag gewiß hier und da die sexuelle Freizügigkeit über das Wünschenswerte hinaus gefördert haben. Auf der anderen Seite aber hat sie falsche, verlogene Prüderie abgebaut, die nur aus Angst nicht das zu tun wagte, was dann zwischen zwei jungen Menschen gut, schön und befreiend ist, wenn sie sich aufrichtig lieben und den festen Vorsatz haben, eine eheliche Bindung miteinander ernstlich zu überprüfen. Es mag angesichts der hohen Prozentrate der Ehescheidungen und angesichts des freien Verkehrs junger Menschen untereinander merkwürdig erscheinen, wenn man dennoch feststellen kann: Die Frage der ehelichen Treue wird heute bei jungen Menschen ernster genommen, als es in manchen Abschnitten der bürgerlichen Vergangenheit der Fall gewesen ist. Deshalb nehmen junge Menschen zwar häufig sehr frühzeitig Intimverkehr miteinander auf, bleiben aber dann für lange Strecken beieinander und schließen in sehr vielen Fällen eine auf Lebenszeit angelegte Ehe. Es gilt keineswegs mehr als modern und fortschrittlich, daß der junge Mann sich vor der Ehe »die Hörner abzustoßen habe«, sondern die gleichen Maßstäbe, die der männliche Partner von seiner Partnerin erwartet, ist er bereit, auch auf sich selbst anzuwenden. Zumindest ist eine solche Einstellung unter jungen Menschen festzustellen. Es kann dies natürlich beinhalten, daß beide in ihren gegenseitigen Maßstäben recht freizügig sind und sich das gestatten, was sie mit einer falschen Bezeichnung »Freiheit« nennen. Eheliche Treue ist in der Volksmeinung ausschließlich auf das intime Sexualverhalten bezogen. Auch in der bis zur Stunde geltenden juristischen Auffassung gilt Ehebruch nur dann, wenn der Geschlechtsverkehr mit einem Partner außerhalb der Ehe voll zustande gekommen ist. Wir wissen aber heute besser als in früheren Zeiten, daß wir den Begriff der Treue so eng nicht fassen können. Eine Verfehlung im Intimverhalten, die zu einem Verkehr mit einem außerehelichen Partner geführt hat, ist zwar in jedem Fall für die eigene Ehe eine Belastung. Aber ein solcher Schaden ist heilbar. Eheliche Untreue des einen Partners kann sehr wohl zum ernsten Nachdenken für beide Partner führen, was wohl in der eigenen Ehe so langweilig, so abstoßend oder auch einfach so unbeglückend geworden ist, daß es zu einer Verfehlung im Intimbereich geführt hat. Aus einem solchen Nachdenken kann Ehe neues Leben und neue Freude bekommen. Wir haben unseren sicherlich notwendigen Nachholbedarf in Fragen der Sexualinformation gedeckt. Es ist gut, daß junge Menschen heute von ihrem Körper und von dem des Partners viel und hoffentlich Richtiges wissen. Nötig aber wäre ein Nachholbedarf in Zärtlichkeit. Zärtlichkeit ist noch immer die schönste Sprache der Verliebten, eine Sprache, die viele Worte hat. Man kann sie und alles, was dazu gehört, nicht in ein paar Zeilen schildern. Ritterlichkeit gehört dazu, die auch im Jahrhundert der Raketen und der Computer immer modern bleibt. Mit einer einzigen Zärtlichkeit, einer streichelnden Geste, läßt sich alles das ausdrücken, was wir fühlen, vom stillen Bewundern des anderen bis zum großen »Du, ich liebe Dich«. Das Spiel der Zärtlichkeit neu zu erlernen und in der Schule des Liebhabens von Klasse zu Klasse weiterzuschreiten, dabei darauf zu achten, daß wir auch hier nicht so tun, als ob uns ständig Jugend erhalten bliebe, das ist die große Notwendigkeit, die Wandlungsmöglichkeiten in einer Ehe voll auszuschöpfen. Kein junges Paar sollte darum Angst vor der weiteren Entwicklung ihrer ehelichen Gemeinsamkeit haben. So aber, wie wir in dieser Welt heute lebenslang dazulernen müssen, so müssen wir eben auch bereit sein, anzuerkennen, daß wir nicht immer die Eheformen in unserer Ehe aufrechterhalten können, die wir zwischen dem 20. und 30. Lebensjahr haben. So wie sich unser Lebensstil und unsere Lebensgewohnheiten ändern, so wie wir neue Erfahrungen bekommen und alte überprüfen, so werden wir auch die einzelnen Abschnitte der Ehe jeweils neu und ihrer jeweiligen Art gemäß zu gestalten haben. Der achtzigjährige Goethe hat dazu ein gutes Wort gesagt: »Bin ich denn darum 80 Jahre alt geworden, daß ich immer dasselbe denken soll? Ich strebe eigentlich vielmehr, etwas anderes, Neues zu denken, um nicht langweilig zu werden. Man muß sich immerfort verändern, erneuern, ja eigentlich verjüngen, um nicht zu verstocken«. Und – Goethe wußte auch noch mit 80 Jahren sehr genau, was Liebe und Zärtlichkeit bedeuten . . .

25. Ehefrühling

Die ersten 3 Ehejahre werden meist damit angefüllt sein, zueinander zu finden und sich von dem jeweiligen Elternhaus zu lösen. Wir sprachen schon am Anfang dieses Büchleins hierüber und unterstreichen jetzt noch einmal die Notwendigkeit dieses Prozesses. Urlaubs- und Wochenendehe sind etwas völlig anderes als das alltägliche Zusammensein. Die Tatsache der Eheschließung bringt nicht nur eine bestimmte Sicherheit für beide Ehepartner mit, sondern ist auch ein nicht übersehbarer Schnitt zur Vergangenheit. Die kleinen und großen Eigenheiten, die man in der Verlobungszeit voreinander noch halbwegs geheimhalten konnte, treten nun an das Tageslicht. Bewußte und unbewußte Machtkämpfe um die Rolle innerhalb der Ehe werden ausgefochten und die Ehepartner müssen lernen, sich von den Leitbildern der Ehe früherer Zeiten abzusetzen. Die eigene Ehe ist nur zu einem geringen Teil meßbar an der Ehe der Eltern. Jede Zeit, jeder Arbeitsrhythmus und jeder Beruf bringt auch einen eigenen Eherhythmus mit sich. Das geht bei der Tageseinteilung los und beeinflußt das Liebesleben ebenso wie das Nachdenken über die Zukunft und die Frage nach Kindern. Darum ist es schon gut, wenn die Belastungen dieser drei Jahre nicht noch übermäßig mit Sorgen um die Berufsausbildung angefüllt sind. Mit dieser Feststellung soll nicht gemeint sein, daß man erst heiraten dürfe, wenn man die berühmte unabhängige Lebensstellung erreicht hat. Nicht das erreichte Ziel, wohl aber der Lebensplan sollten bei Beginn einer Ehe feststehen. Man sollte schon wissen, wo man hin will. Man sollte schon Klarheit über seine Fähigkeiten und seine Grenzen haben und zumindest die Aussicht auf den Berufsabschluß vor sich sehen. Studentenehen sind keineswegs von vornherein zum Scheitern verdammt, aber die beiden Partner sollten doch sehen, welche starken Belastungen gerade auf sie beide zukommen. Daß Studentenehen bis zum Examen kinderlos bleiben sollten, kann mit gutem Gewissen angeraten werden. Bei allem Mut zur jungen Ehe sollte doch ebenso nüchtern auch gesehen werden, daß eine endgültige Bindung von Partnern vor dem 20. Lebensjahr wenig Aussicht auf festen Bestand hat. Gewiß bestätigen auch hier die Ausnahmen die Regel. Jedoch ist die Zweisamkeit, die in eine Zeit fällt, in der beide Partner noch soviel mit sich selbst zu tun haben, besonders strapaziös und entnervend. Es sind nicht nur die Ungeklärtheiten der späteren Berufswahl, sondern die in diesem Alter fast immer noch bestehende Abhängigkeit vom Elternhaus, die sich in persönlicher und oft auch in finanzieller Hinsicht auswirkt, eine zusätzliche Erschwerung. Ohne Vorschriften machen zu wollen, werden die Eheberater heute die Altersjahre zwischen 22 und 27 für besonders günstig für den Beginn einer jungen Ehe angeben können. Das schließt natürlich nicht aus, daß Ehen auch zu einem späteren Zeitpunkt geschlossen werden können, jedoch ist bei späten Eheschließungen die Prägung der jeweiligen Eigenart des Partners oft so stark, daß es nur sehr schwer gelingt, aus dem eingefahrenen Junggesellendasein oder der ebenso verfestigten Lebensart der alleinstehenden Frau herauszufinden. Der Prozeß der Anpassung wird sicherlich immer schwerer, je älter die Ehepartner sind. Wird dies aber gewußt und wird dieser Tatbestand bewußt in die Absicht, miteinander die Ehe zu schließen, eingebracht, dann gibt es eigentlich keine Altersbegrenzung nach oben, die eine Eheschließung verwehrt.

Nach dem 3. Ehejahr wird man von einem neuen Eheabschnitt sprechen können. Die partnerschaftliche Anpassung ist jetzt soweit fortgeschritten, daß innerhalb der Ehe neue Ziele anvisiert werden können. Jetzt tritt die Frage nach dem Kind in der Ehe in den Vordergrund. Dabei wiederholen wir noch einmal, daß es ausschließlich Angelegenheit der beiden Eheleute ist, wann sie sich ein Kind wünschen und wie viele Kinder innerhalb ihrer Ehe sie haben möchten. Weder Eltern noch Schwiegereltern, weder der Staat noch politische oder weltanschauliche Gruppierungen haben hier das Recht der Mitsprache. Ein Berufswechsel ist vor der zu erwartenden Schwangerschaft im allgemeinen nicht anzuraten. Jede Schwangerschaft bringt für beide Ehepartner eine Reihe widerstrebender Gefühle und ebenso entgegengesetzter Aufgaben mit sich. Schwangerschaft ist keine Krankheit! Es ist ebenso falsch, wenn die werdende Mutter sich wie eine Mimose behandelt sehen möchte oder von ihrem Manne in besonders auffälliger Weise geschont wird, wie eine Rücksichtslosigkeit, die den Mann meinen läßt, die Frau »dürfe sich nicht so haben«, und nun sowohl im Alltagsleben, als auch im Intimverkehr so tut, als ob alles so weiterliefe wie bisher. Bei regelmäßiger medizinischer Kontrolle der Schwangerschaft ist für den Mann die psychische Situation seiner Frau wichtiger als die Sorge um ihr körperliches Wohlbefinden. Schwangerschaft ist für die Frau eine Mischung von Freude, Angst und Sorge. Freude über das zu erwartende Kind und Sorge, es könne irgend etwas anders laufen, als sie es sich vorstellt. Noch jede werdende Mutter hat sich heimlich darum gesorgt, ob ihr Kind auch wirklich 10 Finger und 10 Zehen haben würde, ob es keine Mißgeburt werde und ob es nicht diese oder jene Erbanlage in sich tragen würde, die die Mutter bei den Verwandten der eigenen oder der Familie des Mannes sieht. Sie soll sich auch nicht schämen, diese ihre Besorgnisse mit ihrem Mann zu besprechen. Unmittelbar vor der Geburt pflegen solche Ängste anzusteigen. Liebe, Geduld, aber auch Humor werden dem Vater als auch der werdenden Mutter in dieser Zeit besonders abverlangt. Ritterlichkeit und Rücksichtnahme sind in diesem Fall geboten, wenn auch der eheliche Verkehr bis etwa 8 Wochen vor der Geburt des Kindes fortgesetzt werden kann. Das werdende Kind wird durch den Intimverkehr in keiner Weise geschädigt, wohl aber erhöht sich die Infektionsgefahr für die Mutter in den letzten 8 Wochen, so daß für diese Zeit eine Enthaltsamkeit angeraten werden kann. Der behandelnde Arzt ist gern bereit, hier über alles Weitere Auskunft zu geben. Dieser Zeitabschnitt ist auch mit erhöhten finanziellen Ausgaben verbunden, zu deren Bewältigung Überstunden oder Zusatzarbeit oft unerläßlich sind. Gerade aber hier sollte nicht vergessen werden, daß die werdende Mutter die Nähe und die Zärtlichkeit ihres Mannes besonders nötig hat. Nach der Geburt des Kindes werden dann weitere Fragen auftauchen. So z. B. die eines eventuellen Wohnungswechsels, weil die bisherige Wohnung zu klein geworden ist.

26. »Hochsommer« der Ehe

Der Lebensabschnitt des jungen Paares zwischen dem 30. und 40. Lebensjahr wird durch den Wunsch geprägt, jene Endposition im Beruf zu finden, die man für den Rest des Lebens beibehalten kann. Es gehört zum Wesen unserer Zeit, daß etwa bis zum 45. Lebensjahr die Stellung gefunden werden muß, die man voraussichtlich bis zum Ablauf der Arbeitsfähigkeit nicht mehr wechselt. Es gehört auch zur Mobilität unserer Zeit hinzu, daß es nicht mehr angeraten ist, vom 15. bis zum 65. Lebensjahr in der gleichen Firma zu arbeiten. Das, was auf der einen Seite Betriebstreue sein kann, ist auch gelegentlich Zeichen von Bequemlichkeit und fehlendem Lebensmut. Zusätzliche Weiterbildung, zusätzliche Examina und das gewonnene Maß an Erfahrung lassen mit Recht die Lebenserwartung höher steigen und nach einer besseren und entwicklungsfähigeren Position Ausschau halten. Diese Situation ist zugleich eine Möglichkeit gemeinsamer Erfahrungen als auch Möglichkeit für eine ernste Krise. Noch einmal begegnen sich wie bei Beginn der Ehe verschiedene Lebenserwartungen und verschiedene Lebensansprüche. Noch einmal kann es passieren, daß der Mann sich auf einen Weg gedrängt fühlt, den er innerlich verneint, oder daß die Frau sich vernachlässigt fühlt, weil der berufliche Ehrgeiz und der Kampf um die soziale

Anerkennung sie in den Hintergrund treten läßt. Beides kann Anlaß dafür sein, daß die Frau sich nun völlig den Kindern zuwendet, so daß wiederum der Mann sehr bald den Eindruck erhält, er sei ja eigentlich nur dazu geheiratet worden, um seiner Frau die Kinder zu ermöglichen. Er fühlt sich »abgemeldet«, unverstanden und hält Ausschau nach neuen Beziehungen. In diesem Lebensabschnitt wird es nötig sein, sich viele gemeinsame Erlebnisse zu schaffen. Der Urlaub ohne die Kinder ist immer dann anzuraten, wenn Kinder alt genug sind, um mit einer Jugendgruppe zu verreisen, oder bei den Großeltern in gute Obhut gegeben werden können. Mehr denn je brauchen die Ehepartner in diesem Abschnitt der Vollendung des Lebensplanes Stunden der gemeinsamen Aussprache. Auf der anderen Seite bindet das gemeinsame Ziel so fest aneinander, daß die Kinder darüber zu kurz kommen können. Das erträumte Häuschen im Grünen verschlingt alle notwendigen Investitionen für die spätere Berufsausbildung der Kinder. Zeit zum Spielen mit den Kindern bleibt nicht. »Wir tun das ja alles nur für euch«, bekommen die Kinder gesagt, wenn sie um eine gemeinsame Autofahrt, einen gemeinsamen Spaziergang oder ein gemeinsames Quartettspiel bitten und dann erfahren müssen, daß die Eltern mal wieder »gerade gar keine Zeit« haben. Dann steht zwar eines Tages das Haus, oder die Eigentumswohnung ist gekauft, aber – das Verhältnis zueinander ist gebrochen. Man hat verlernt, miteinander zu reden, weil man solange aufeinander warten mußte.

27. Auch der »Herbst« hat goldene Tage

Damit stehen wir schon am Beginn des dritten und oft gefährlichsten Abschnittes einer Ehe. Es scheint alles geschafft zu sein. Die Lebensposition ist erreicht, das gemeinsame Ziel bindet nicht mehr. Mißmutig gehen beide Eheleute in das Geschäft, gehen an ihren Arbeitsplatz, bringen gutes Geld mit nach Haus und – wissen eigentlich im Grunde nicht mehr, warum sie es tun. Man hat alles erreicht und dabei so vieles vergessen. Die Müdigkeit der körperlichen und geistigen Anstrengung der vergangenen Jahre hat alle kleinen und großen Zärtlichkeiten einschlafen lassen. Die von den Eltern getrennte geistige und seelische Entwicklung der Kinder hat Bahnen eingeschlagen, auf denen die Eltern nicht mitgehen können oder nicht mitgehen wollen. Die Eltern wiederum werden von den Kindern zwar mit Respekt betrachtet für alles das, was sie geleistet haben, aber die innere Fremdheit ist groß. Wenn dann die erste Freude über das erreichte Ziel abgeklungen ist, wird nach neuen Zielen Ausschau gehalten. Dabei gehört es zu diesem Lebensabschnitt der nun etwa 50jährigen Ehepartner, daß Ziele verfolgt werden, deren Erreichung mit den realen Möglichkeiten nicht mehr übereinstimmen. Nun soll plötzlich krampfhaft noch diese oder jene Stellung im Büro oder im Geschäft erreicht werden; nun soll krampfhaft durch Kosmetika und Garderobe der Frau die gleiche Attraktivität im gesellschaftlichen Leben wiederhergestellt werden, die man vor 20 Jahren hatte. In den letzten 10 Jahren achtete man wenig darauf, war man doch so sehr mit Arbeit überlastet und auf das Ziel hin ausgerichtet, das man nun erreicht hat. Jetzt aber nehmen die abendlichen Gespräche eine andere Wendung:

Claudia: »Ich verstehe gar nicht, Hans, daß du immer noch nicht Amtsrat bist. Dein Kollege Fritz ist es schon seit zwei Jahren. Woran liegt das eigentlich? Ich dachte immer, du könntest mindestens genausoviel wie er.« Hans: (hört den fragenden und zweifelnden Unterton ihrer Stimme) »Hast du noch immer nicht genug mit dem, was wir haben? Aber an mir liegt's auch nicht. Du kennst ja den Chef, und der hat eben etwas gegen mich.«

Claudia: »Na ja, ich dachte ja bloß . . .«

Hans aber bleibt dieses Gespräch noch lange in den Ohren. Auch ihn wurmt es, daß er bei der letzten Beförderung übergangen wurde. Also arbeitet er doppelt, also nimmt er sich nach Büroschluß Akten noch mit nach Haus und macht Überstunden. Dabei wird er immer wieder spüren, daß er nicht mehr der junge Mann von 30 ist, dem Mehrarbeit nicht viel ausmachte. Je unkonzentrierter er aber wird, je schlechter die Nachtruhe ausfällt, um so mehr verbeißt er sich in den Plan, auf alle Fälle noch ein gestecktes Ziel zu erreichen, weil er meint, er müsse seiner Claudia und sich selbst beweisen, daß er noch lange nicht zum alten Eisen gehöre. Claudia aber merkt von alledem nichts. Sie ist noch lange keine alte Frau, und daß Hans so spärlich mit seinen Zärtlichkeiten in letzter Zeit ist, macht ihr schon zu schaffen. Sie wagt aber nicht, sich Hans anzuvertrauen, weil sie nicht weiß, ob sie von ihm ausgelacht wird. Auch Hans spürt das Nachlassen seiner sexuellen Potenz und leidet darunter. Aber auch er wagt kein klärendes Wort. Seine Männlichkeit und seine Frische muß er sich also auf andere Art beweisen. Plötzlich trägt er knallbunte Hemden, kauft sich Anzüge, die einem Neunzehnjährigen gut anstehen würden, die ihn aber an den Rand der Lächerlichkeit bringen, und hofft auf diese Weise, die Anerkennung seiner Frau zu erhalten. Claudia scheint das alles nicht zu sehen. Sie hat höchstens ein leicht ironisches Lächeln über solches Gebaren und spricht abfällig vom zweiten Frühling oder vom Johannistrieb. Anders allerdings Fräulein Schmidt im Büro. Sie sieht sofort, wenn Hans einen neuen Schlips um hat und bewundert ihn. Sie wird auch nicht müde, immer aufs Neue zu betonen, daß eine bestimmte Abrechnung in der Abteilung von niemandem so perfekt geleistet werde wie von ihm und läßt durchblicken, wie sehr sie ihn bewundere. Fräulein Schmidt ahnt nicht, was sie damit bei sich und bei Hans anrichtet. Hans wird nämlich von ihr nur scheinbar als ein »stattlicher Mann in den besten Jahren« angesehen. In Wirklichkeit ist sie noch immer auf Vatersuche und bewundert an Hans jetzt das, was sie ihrem Vater aus mancherlei Gründen an Bewunderung versagen muß. Hans aber deutet das Benehmen von Fräulein Schmidt falsch. Er ist nur stolz, wie attraktiv er offensichtlich noch zu sein scheint. Nein, für Fräulein Schmidt ist er nicht zu alt geworden! Aber für Claudia . . . Gestern hatte ihm Claudia aufgetragen, er möchte auf dem Heimweg noch ein paar Kleinigkeiten mitbringen; und – Hans hatte es doch prompt vergessen. Claudia sagte nicht viel, sie meinte nur so obenhin: »Na, du wirst eben alt . . .« Das aber genügte, denn Fräulein Schmidt – dessen ist Hans ganz sicher – würde so etwas ihm niemals sagen. Wir können uns schon vorstellen, wie es weitergeht. Claudia darf sich nicht wundern, wenn Fräulein Schmidt zunächst in Gedanken, aber dann auch in der Realität mehr Interesse von Hans erfährt als sie selbst . . .

Für Claudia liegt die Gefahr dieses Eheabschnittes an einer anderen Stelle. Hans ist Hauptabteilungsleiter geworden und sitzt täglich mit den Direktoren und den leitenden Herren seines Betriebes zusammen. Das bewirkt auch, daß man gelegentlich abends eingeladen wird. Zunächst ist Hans stolz, daß er mit seiner Claudia zu diesem Kreis gehört. Nicht etwa, daß er Minderwertigkeitsvorstellungen hätte, er spürt nur das stolze Gefühl »Wer« zu sein. Aber – wie ist es mit seiner Claudia? Da hat sie doch neulich ein französiches Wort nicht gekannt und hat ganz unverblümt zu Herrn Carstens, einem der leitenden Direktoren, gesagt, von Geschäften verstünde sie nichts. Herr Carstens wiederum hat am nächsten Tag so nebenbei die Bemerkung fallen lassen, daß es Hans wohl nicht ganz leicht habe, wenn seine Ehefrau so ganz andere Interessen wie er hätte. Natürlich stimmt das nicht. Claudia hat die ganzen Jahre zusammen mit Hans geplant und gedacht. Nur Fach- und Spezialwissen hat sie eben nicht. Hans aber beginnt nachzudenken. Die Frau von Herrn Carstens, wenn man die so reden hört ... Wie gepflegt sie ist und wie dezent ihre Kosmetik wirkt. Daß Frau Carstens eine Haushaltshilfe hat, jeden Monat für teures Geld sich im Kosmetiksalon aufmöbeln läßt, sich Speisen und Getränke bei allen Einladungen von auswärts kommen lassen kann und sich auch um die Hauswirtschaft nicht zu kümmern braucht – das alles bewegt Hans gar nicht. Er sieht nur, wie attraktiv Frau Carstens gegenüber seiner Claudia zu sein scheint. Auch hier können wir ahnen, wie es weitergeht, aber wir sollten vor allem uns in diesem Fall um Frau Claudia kümmern. Sie soll nicht meinen, sie müsse nun krampfhaft versuchen, eine zweite Frau Carstens zu werden. Ein offenes Gespräch ist vielmehr am Platze und – Claudia braucht Mut zum Wartenkönnen und sollte nicht vergessen, sich für ihren Hans unaufdringlich aber bewußt zu pflegen. Das, was sich bei Frauen als Torschlußpanik äußert, wenn sie mit dem 4. Lebensjahrzehnt noch gern verheiratet sein möchten, reagieren Männer dann ab, wenn sie in Positionen hinein möchten, die ihnen vorschweben, oder wenn sie in Positionen sind, in denen sie sich nicht sicher fühlen. Jetzt verstehen wir auch, warum die Zahl der Ehescheidungen nach dem dritten Ehejahr und nach der Silbernen Hochzeit besonders ansteigt. Man schafft die Übergänge nicht. Im ersteren Fall wird der Übergang zum Ehealltag so schwer, und im zweiten Fall ist es der Übergang vom Lebensabschnitt des Schaffens und Strebens hin zum notwendigen Ausschwingen in Beruf und Arbeit.

In diesen Lebensabschnitt von Claudia und Hans fällt häufig auch der Tod der Eltern. Zwar hatte es den Anschein, als hätte man sich schon längst von den Eltern gelöst, ja man empfindet sogar die gelegentlichen Besuche bei den Eltern oder den Besuch der Eltern im eigenen Haus ein wenig als Belastung. Aber jetzt, wo Vater oder Mutter plötzlich sich auf ihren letzten Weg vorbereiten, da bricht die ganze Kindheit noch einmal auf. Sehnsüchte und Erinnerungen werden wach, daneben aber auch viel Schuldgefühle. Hatte man dem Vater als Junge nicht doch viel Leid zugefügt? Hätte man sich nicht doch mehr um die alte Mutter kümmern müssen? War es richtig, daß man den Eltern Vorhaltungen machte, weil sie die Enkelkinder so sehr verwöhnt haben? Hätte man nicht doch die Eltern mit in das neue Häuschen nehmen sollen? Alles Fragen, die zwischen den Eheleuten selten ausgesprochen werden, die aber die eigene innere Situation ebenso belasten wie das Verhältnis zwischen Hans und Claudia. Hier bricht unüberhörbar die Frage nach der Schuld im Leben eines Menschen auf. Schuldigwerden gehört zum Menschsein. Kein Mensch lebt, ohne schuldig zu werden. Kein Mensch aber muß an realer oder eingebildeter Schuld zu Grunde gehen. Wer in seinem Leben etwas davon weiß, daß das letzte Urteil über sein Tun und

Lassen weder vom Ehepartner noch von den Eltern noch von den Mitmenschen, ja nicht mal von einem selbst gesprochen wird, sondern daß Gott allein es spricht, der erlebt dadurch eine tiefe innere Befreiung. »Gott ist größer als unser Herz und kennt alle Dinge«, heißt es einmal in der Bibel. Das ist keine billige Ausrede, kein Wegwischen unserer Schuld, sondern es stellt die Lebenswirklichkeit her. Zugleich aber kann das Sterben eines Elternteiles neue Möglichkeiten für das Zusammenleben mit dem anderen Elternteil, aber auch für das Zusammenleben mit dem Ehepartner eröffnen. So einschneidend und so endgültig der Tod eines Menschen ist, den wir lieben, so eröffnet doch zugleich jeder Tod auch neue Möglichkeiten. Vielleicht kann jetzt erst der Vater oder die Mutter nüchtern und real gesehen werden. Vielleicht fällt jetzt erst die letzte Angst, im Ehemann einen zweiten Vater oder in der Ehefrau eine zweite Mutter sehen zu müssen. Vielleicht ist jetzt erst die merkwürdige Einstellung überwunden, man sei nur die Tochter seines Ehemannes oder der Sohn seiner eigenen Ehefrau. In jedem Falle sollten sich Claudia und Hans aber bewußt sein, daß der Tod ihrer eigenen Eltern sie mehr berührt, als sie es sich eingestehen wollen. Nicht zuletzt auch darum, weil er jenen Gedanken uns vor Augen führt, den wir so gern verdrängen: Den Gedanken an das Ende unseres eigenen Lebens. Nun sind Hans und Claudia in der Generationenfolge die nächsten; nun ist es an ihnen, den Rest des Lebens so zu gestalten, daß sie entspannt und sinnvoll das genießen, was sie sich gemeinsam aufgebaut haben.

Jeder Lebensabschnitt der Ehe hat seine eigenen Gesetze und seine eigenen Spielregeln. Wenn z. B. in einer jungen Ehe der schweigende Spaziergang meist ein Zeichen von heimlicher Aggression ist, so ist das wortlose

Nebeneinandergehen zweier alter Menschen oft ein Zeichen tiefster Innigkeit und wortloser Zwiesprache. Wenn ein zärtlicher Blick und eine liebevolle Geste im ersten Eheabschnitt nicht genügen, um sich die gegenseitige Zusicherung der Verbundenheit zu geben, so ist dies für die späteren Eheabschnitte oft ein heimliches Signal mitten unter vielen Menschen, wie man zueinander steht. Ist die oft aggressive Auseinandersetzung der ersten Ehejahre noch verhältnismäßig leicht und von beiden Ehepartnern gesucht, weil notwendig, so werden Wortgefechte in den späteren Eheabschnitten vermutlich seltener werden. Man hat gelernt, auf die Signale des anderen zu achten, und man wird nicht verlernen dürfen, diese Signale zu beachten. War die körperliche Gemeinsamkeit des ersten Eheabschnittes das große und oft beide Partner überwältigende Erlebnis, so werden es gemeinsame Erlebnisse eines Gespräches, einer Reise, einer gemeinsamen Buchlektüre in den späteren Eheabschnitten sein, die im Grunde das gleiche bewirken können. Dabei darf eine solche Umwandlung der gegenseitigen Begegnungsmöglichkeiten nicht so aufgefaßt werden, als ob nun die körperliche Begegnung unwichtig und die geistige allein sinnvoll sei. Es ist vielmehr so, daß geistige und körperliche Begegnung in sehr vielfältiger Form erfolgen können, beide aber – wenn auch in verschiedener Stärke – in allen Lebensabschnitten der Ehe vorhanden sein sollen. Ein gewisses Maß geistiger und seelischer Gemeinsamkeit muß schon die junge Ehe haben, und ein gewisses Maß an Zärtlichkeit und körperlicher Nähe hat die Ehe in den späteren Lebensabschnitten ebenso nötig, wie die nun vordringlich gewordene geistige und seelische Gemeinsamkeit. Alter nimmt nicht nur, sondern Alter macht auch Dinge möglich, nach denen man sich lebenslang gesehnt hat. Wir werden heute durch

Presse und Fernsehen dazu erzogen, das Altwerden immer nur unter dem Vorzeichen des Entsagens und des Aufhörens zu sehen. Wir müssen neu lernen, alle die Möglichkeiten zu erkennen, die das Alter erst mit sich bringt. Das gilt auch für das gemeinsame Altwerden in einer Ehe. Wie oft hat man in den ersten Ehejahren sich danach gesehnt, mehr Zeit füreinander zu haben, wie oft stand man unter dem Druck des Arbeitsrhythmus' und der Müdigkeit durch die großen Anstrengungen des Arbeitsalltags. Nun könnte man sich seinen Tag viel besser einteilen. Nun sind sehr viel mehr Möglichkeiten gemeinsamer Freizeitgestaltung vorhanden. Jedoch – sie müssen genutzt werden. Genutzt werden aber können sie nur, wenn das Alter uns nicht überfällt wie die plötzlich hereinbrechende Nacht, sondern wenn wir sehr bewußt alle die Möglichkeiten frühzeitig einplanen, die uns das Alter neu schenkt. Die Hinwendung zum Hobby, für das wir in den jungen Jahren gemeinsam nur wenig Zeit haben, ist ein wichtiger Bestandteil für die Gemeinsamkeit einer alternden Ehe. Je mehr sich dabei die beiden nun langsam altwerdenden Ehepartner vom Urteil ihrer Umwelt freimachen, um so besser für sie. Hatten in früheren Zeiten die Kinder über die Bevormundung der Eltern zu klagen, werden sich jetzt beide Ehepartner gelegentlich ruhig, aber energisch gegen jede Bevormundung ihrer Kinder zu verteidigen haben. Worte wie: »Dafür seid ihr zu alt«, sollten ebenso humorvoll wie eindeutig zurückgewiesen werden. Gemeinsame Freude, gemeinsames Erleben und dadurch entstehende Harmonie hat die Ehe im dritten Reifungsabschnitt ebenso nötig wie die junge Ehe.

Keine Angst vorm Altwerden in der Ehe! Altwerden bedeutet Reifung, und Reifung ist eine der notwendigen Lebensaufgaben, der wir uns zu stellen haben. Nur wer da meint, seine Ehe müsse mit 60 Jahren noch die gleichen äußeren Züge tragen wie die Ehe der ersten 3 Ehejahre, wird sich vor bitteren Enttäuschungen nicht bewahren können. Nur wer da meint, er brauche in der großen Schule des Liebhabens und des Sichverstehens nichts mehr hinzuzulernen, der wird immer so tun, als sei er noch ein Anfänger und sich vielleicht sogar darauf etwas einbilden. Nicht nur auf den Bildern alter Meister ist zu beobachten, daß Eheleute sich im Laufe ihrer Ehe auch im Gesicht immer ähnlicher werden. Dies drückt nur jenen Reifungsprozeß aus, der eine Ehe so schön und so inhaltsreich macht. Das Leben, das Gott uns gemeinsam geschenkt hat, ist eben keine Rechenaufgabe, sondern es ist ein Weg des Vertrauens und der Liebe zum Partner neben uns und der Freude an der Welt, die uns jeden Tag in neuer Form begegnen will. Wer so miteinander Ehe führt, kann am Ende eines Tages und wohl auch am Ende seines Lebens nur das große Dankeschön Dem abstatten, der alles Leben hält und trägt.

HINWEISE AUF WEITERFÜHRENDE LITERATUR

In diesem Büchlein konnten nur einige Hinweise gegeben werden, die das Zusammenleben in der Ehe erleichtern sollen. Die nachfolgend angegebenen Bücher sind aus einer großen Zahl gleichwertiger Bucherscheinungen herausgegriffen, um als Anhaltspunkte zur weiteren Information für den Leser gelten zu können.

Anneliese und Franz Heigl: Gelten und Geltenlassen in der Ehe. Verlag für angewandte Psychologie, Stuttgart 1963.

Peter Broccarius: JUNGE EHE. Probleme, und wie man mit ihnen fertig wird. Bertelsmann-Ratgeberverlag, 1973. Ein Eltern-Buch.

I. H. Wallis: Keine Garantie auf Glück. Das Zusammenleben in der Ehe. I. F. Steinkopf-Verlag, Stuttgart 1972.

A. Grinstein und Editha Sterba: Unser Familienleben. Verstehen wir uns? Paracelsus-Verlag, Stuttgart 1972.

Horst-Eberhard Richter: Patient Familie. Entstehung, Struktur und Therapie von Konflikten in Ehe und Familie. Rowohlt Verlag, Hamburg 1970.

Jean-Gustav Lemaire: Ehekonflikte. Verlag Vandenhoeck & Ruprecht 1970.

Jochen Fischer: Die Liebe gibt niemals auf. Agentur des Rauhen Hauses 1969.

Zur Frage der Sexualbeziehungen:

K. H. Wrage: Mann und Frau. Grundfragen der Geschlechterbeziehungen. Gütersloher Verlagshaus 1968.

Hans-Joachim Thilo: Sex – Liebe – Kinder. Und was evangelische Christen dazu sagen. Agentur des Rauhen Hauses, Hamburg 1969.

In den beiden letztgenannten Büchern wird sowohl auf die Sexualbeziehung der Ehepartner, als insonderheit auch zur Frage der Geburtenregelung und der Schwangerschaftsunterbrechung vom medizinischen, psychologischen und ethischen Blickpunkt aus Stellung genommen.

VERZEICHNIS DER EV. BERATUNGSSTELLEN
für Erziehungs-, Jugend-, Ehe-, Familien- und Lebensberatung

		Telefon:
1	Ev. Beratungsstelle für Erziehungs-, Ehe- und Lebensfragen *5100 Aachen*, Kapuzinergraben 24	2 63 11
2	Außenstelle der Beratungsstelle Bad Oldesloe *2070 Ahrensburg*, Marktplatz 7a	
3	Ev. Beratungsstelle für Eltern und Jugendliche *8900 Augsburg*, Spenglergäßchen 7a	2 88 49
4	Außenstelle der Beratungsstelle Bad Segeberg *2357 Bad Bramstedt*, Schlüskamp 1	
5	Erziehungsberatungsstelle des Diakonischen Werkes der Pfälzischen Landeskirche *6702 Bad Dürkheim*, Friedelsheimer Str. 18	27 69
6	Beratungsstelle des Rhein-Lahnkreises *5427 Bad Ems*, Römerstraße 28	
7	Erziehungsberatungsstelle der Arbeitsgemeinschaft der freien Wohlfahrtsverbände im Kreise Stormarn *2060 Bad Oldesloe*, Mühlenstr. 22	24 37
8	Ev. Erziehungs- und Lebensberatungsstelle *2360 Bad Segeberg*, Kirchplatz 7	32 65
9	Ev. Erziehungsberatung Bayreuth *8580 Bayreuth*, Schulstraße 15	54 83
10	Außenstelle der Beratungsstelle Köln-Riehl *5070 Bergisch-Gladbach*, Paasweg 22	42 67
11	Ev. Beratungsstelle für Erziehungs-, Jugend-, Ehe- und Lebensfragen *1000 Berlin 20*, Pillnitzer Weg 8	3 64 63 03

12 Ev. Beratungsstelle für Erziehungs-,
Jugend-, Ehe- und Lebensfragen
1000 Berlin 20, Kinkelstraße 35 — 3 33 34 22

13 Beratungsstelle für Erziehungs-,
Jugend-, Ehe- und Lebensfragen
1000 Berlin 26, Alt-Wittenau 29/30 — 4 11 24 83

14 Ev. Beratungsstelle für Erziehungs-,
Ehe- und Lebensfragen
1000 Berlin 26, Wilhelmsruher Damm 116, VI — 4 15 25 73

15 Ev. Beratungsstelle für Erziehungs-,
Ehe- und Lebensfragen
1000 Berlin 41, Rückertstraße 15 — 8 21 11 15

16 Ev. Beratungsstelle für Erziehungs-,
Ehe- und Lebensfragen
1000 Berlin 42, Tempelhofer Damm 138 — 75 75 79

17 Ev. Erziehungs- u. Familienberatung,
Ehe- und Lebensberatung
4800 Bielefeld, Elsa-Brandström-Str. 11 — 6 24 44–5

18 Bochumer Eheschule, Beratung in Ehe-
und Familienfragen
4630 Bochum, Freiligrathstraße 7 — 1 61 02

19 Ehe- und Erziehungsberatungsstelle
im Kirchenkreis Bonn
5300 Bonn, Poppelsdorfer Allee 27 — 65 64 80

20 Erziehungsberatungsstelle
4250 Bottrop, Pfarrstraße 8 — 28 14 u. 21 38

21 Ev. Ehe- und Lebensberatung
3300 Braunschweig, Bismarckstraße 8 — 3 53 64

22 Ev. Ehe- und Familienberatung
2800 Bremen, Breitenweg 25, III — 31 19 08

23 Ev. Erziehungsberatungsstelle
2800 Bremen, Wachmannstraße 81 — 34 15 94

24 Erziehungsberatungsstelle
der inneren Mission e. V.
8630 Coburg, Leopoldstraße 61/63 13 01

25 Vertrauensstelle Jugend und Ehe
2190 Cuxhaven, Marienstraße 50 3 84 83

26 Verein für Ehe- und Familienberatung
Darmstadt e. V.
6100 Darmstadt, Rheinstraße 12 1/4 2 45 73

27 Beratungsstelle für Erziehungs-,
Ehe- und Lebensfragen
2870 Delmenhorst, Schulstraße 12 25 61

28 Lippische Arbeitsgemeinschaft
für Jugend- und Eheberatung
4930 Detmold, Bruchstraße 2a 2 55 07

29 Beratungsstelle für Ehe-,
Familien- und Lebensfragen
4600 Dortmund, Schwanenwall 34 52 70 90

30 Ev. Ehepartnerdienst Westfalen
4600 Dortmund, In den Stämmen 18 46 46 54

31 Psychologische Beratungsstelle für Eltern,
Jugendliche und Kinder
5160 Düren, Philippstraße 50 7 35 27

32 Ev. Hauptstelle für Familien-
und Lebensberatung im Rheinland
400 Düsseldorf, Vogelsangerweg 66 63 73 16 u. 63 68 97

33 Außenstelle der Beratungsstelle Düsseldorf-Oberkassel
4000 Düsseldorf-Garath, Carl-Severing-Str. 10 70 14 84

34 Ev. Beratungsstelle für Erziehungs-, Ehe-,
und Lebensfragen
4000 Düsseldorf-Oberkassel,
Kaiser-Friedrich-Ring 27 57 40 47

35 Ev. Beratungsstelle für Erziehungs-,
Ehe- und Lebensfragen
4100 Duisburg, Vom-Rath-Straße 8 2 61 98

36 Außenstelle der Beratungsstelle Tübingen
7470 Ebingen, Grüngrabenstraße 40

37 Beratungsstelle für Erziehungs- und
Lebensfragen der Propstei Eckernförde
2330 Eckernförde,
Langebrückstr. 13, Lutherhaus 734 App. 89

38 Beratungsstelle für Erziehungs- und Lebensfragen
des Kirchengemeindeverbandes Elsmhorn
200 Elmshorn, Kirchenstraße 3 2 05 76

39 Außenstelle der Beratungsstelle Niebüll
2261 Emmelsbüll, Dörfergemeinschaftsschule 3 43

40 Ev. Erziehungs- und Familienberatungsstelle
5828 Ennepetal-Milspe, Kirchstraße 49 39 93

41 Ev. Beratungsstelle für Ehe-, Lebens- und
Familienfragen der Kirchenkreise in Essen
4300 Essen, II. Hagen 7, Postfach 872 2 20 51

42 Zentralstelle für Erziehungs- und Eheberatungsarbeit
im Diak. Werk in Hessen u. Nassau
6000 Frankfurt/M., Ederstraße 12 77 10 84

43 Ev. Familienberatung
Beratungsstelle für Erziehungs-, Ehe- und Lebensfragen
im Ev. Gemeindeverband Frankf./Main
Beratungsstelle »Westend«
6000 Frankfurt/M., Niedenau 43 72 59 78

44 Titel wie zu Nr. 43
Beratungsstelle »Nordwest«
6000 Frankfurt/M., Thomas-Mann-Str. 10 57 67 00

45 Ev. Jugend- und Eheberatung
7800 Freiburg/Br., Dreisamstraße 3
(beim Ev. Gemeindedienst) 2 23 77

46 Ev. Ehe- und Lebensberatung
6360 Friedberg/Hessen, Kaiserstraße 167 319

47 Außenstelle der Beratungsstelle Tönning
2256 Garding

48 Außenstelle der Beratungsstelle München
Abt. Ehe- u. Lebensberatung
8192 Geretsried-Gartenberg, Martin-Luther-Weg 13 — 66 65

49 Außenstelle der Beratungsstelle Bad Oldesloe
2056 Glinde, Willinghusener Weg 65

50 Außenstelle der Beratungsstelle Bielefeld
4830 Gütersloh, Hohenzollernstraße 24 — 2 25 62

51 Verein für Ehe- und Familienberatung e. V.
6300 Gießen, Ludwigsplatz 10 — 3 19 91

52 Ärztliche-Psychologische Beratungsstelle
d. Vereins für Jugendfürsorge u. Jugendpflege e. V.
6300 Gießen, Bleichstraße 6 — 3 36 14

53 Ev. Eheberatungsstelle
7320 Göppingen, Olgastraße 6 — 7 26 79

54 Ev. Lebensberatungsstelle
3400 Göttingen, Schillerstraße 21 — 4 30 00

55 Beratungsstelle für Ehe- und Familienfragen
4432 Gronau, Bentheimer Straße (Altes Krankenhaus) — 72 34

56 Ev. Erziehungs- und Familienberatungsstelle
5800 Hagen, Gartenstraße 11 — 2 89 65

57 Ev. Beratungsstelle für Erziehungs-,
Ehe- und Lebensfragen
2000 Hamburg 1, Bugenhagenstraße 21 — 32 18 31

58 Beratungs- und Seelsorgezentrum St. Petri
2000 Hamburg 1, Kreuslerstraße 6–8 — 32 65 48

59 Lebens- und Erziehungsberatungsstelle
2050 Hamburg 80, Wentorfer Str. 54 — 7 21 44 60

60 Außenstelle der Beratungsstelle Bad Oldesloe
2000 Hamburg-Volksdorf, Rockenhof 1

61 Sozialmedizinisches Amt
der ev.-luth. Landeskirche
3000 Hannover 1, Am Markte 4–5 — 2 96 56

62 Ev. Lebensberatungsstelle
3000 Hannover, Oskar-Winter-Straße 2 62 50 28

63 Ev. Eheberatungsstelle
6900 Heidelberg, Plöck 66 2 41 71

64 Psychologische Beratungsstellen
der Ev. Landeskirche in Württemberg
Eltern-, Jugend-, Ehe- u. Lebensberatung
7100 Heilbronn, Klarastraße 19 8 54 28

65 Beratungsstelle für Familien-,
Ehe- und Lebensfragen
– Erziehungsberatungsstelle –
8670 Hof/Saale, Bahnhofsplatz 1 8 44 98

66 Beratungsstelle für Erziehungs-, Ehe-
und Lebensfragen
2250 Husum, Schobüller Straße 36 60 01

67 Erziehungsberatungsstelle der
kirchlichen Werke
8070 Ingolstadt, Schrannenstraße 9 22 81

68 Erziehungsberatungsstelle des Diakonischen
Werkes der Pfälzischen Landeskirche
6750 Kaiserslautern, Burgstraße 30 6 51 09

69 Ehe-, Familien- und Lebensberatung
3500 Kassel, Obere Karlsstraße 3 1 73 56

70 Ev. Eheberatungsstelle
2300 Kiel, Bartelsallee 7 4 54 04

71 Ev. Beratungsstelle für Erziehungs-,
Ehe- und Lebensfragen
5400 Koblenz, Mainzer Straße 81 3 62 36

72 Erziehungs- und Eheberatungsstelle
des Ev. Stadtkirchenverbandes
5000 Köln-Riehl, Boltensternstraße 2 76 69 94

73 Ev. Beratungsstelle für Erziehungs-,
Ehe- und Lebensfragen
4150 Krefeld, Luisenstraße 60 2 83 87/88

74 Außenstelle der Beratungsstelle Kaiserslautern
6798 Kusel 20 49

75 Ev. Beratungsstelle für Ehe- und Lebensfragen
7630 Lahr/Schw.,
Waldstraße 10 (Städt. Kindertagesheim) 45 95

76 Ev. Beratungsstelle für Erziehungs-,
Ehe- und Lebensfragen
5090 Leverkusen-Wiesdorf, Dönhoffstr. 55 4 14 12

77 Ev. Beratungsstelle für Ehe- und Lebensfragen
7850 Lörrach
Baumgartnerstraße 14 (Ev. Gemeindedienst) 38 51

78 Beratungsstelle für Ehe- und Lebensfragen
der Arbeitsgem. der freien Wohlfahrtsverbände
2400 Lübeck 1, Hüxterdamm 18a 7 27 62

79 Beratungsstelle für Familien- und Erziehungsfragen
2400 Lübeck, Hüxterdamm 18 7 69 30

80 Ev.-luth. Kirche in Lübeck
Beratungsstelle für Lebenskrisen
2400 Lübeck 1, Schüsselbuden 13 7 76 18

81 Beratungsstelle des Diakonischen Werkes
4990 Lübecke, Kaiserstraße 5 95 59

82 Beratungsstelle für Eltern, Jugendliche
und Kinder (Familien- u. Lebensberatung)
5880 Lüdenscheid, Lessingstraße 15 2 32 08

83 Beratungsstelle für Kinder, Jugendliche
und Erwachsene der Ev. Dekanate
Ingelheim/Mainz/Oppenheim
6500 Mainz, Kaiserstraße 19 6 12 42

84 Beratung für Familie und Erziehung
6800 Mannheim, Kettelerweg 2–4 75 45 39

85 Eheberatungsstelle der Arbeitsgemeinschaft
Arzt u. Seelsorger
4950 Minden, Immanuelstraße 17 2 22 57

86 Beratungsstelle für Ehe-, Erziehungs-
und Lebensfragen im Ev. Kirchenkreis Gladbach
4050 Mönchengladbach, Pescherstraße 19 — 1 61 02

87 Außenstelle der Beratungsstelle Hof/Saale
8660 Münchberg, Marienstraße 13 (Ev. Gemeindehaus)

88 Ev. Erziehungs-, Familien-, u. Lebensberatung e. V.
Abt.: Psychologische Beratung für Eltern und Jugendliche
8000 München 2, Landwehrstraße 11/I — 55 56 21

89 Titel wie zu 88
Abt.: Ehe- u. Lebensberatung
8000 München 2, Landwehrstr. 11/II — 55 56 21

90 Außenstelle der Beratungsstelle München *zu 89*
8000 München–Neu-Perlach, Plettstraße 15 — 40 55 14

91 Ökumenische Beratungsstelle
8000 München, Quiddestraße 15

92 Ev. Erziehungsberatung beim
Sozialen Beratungsdienst
8000 München 45, Stanigplatz 11 — 13 12 26

Münster – Neumünster – Neuwied s. Nr. 143 ff.

93 Beratungsstelle für Erziehungs-
und Lebensfragen
2260 Niebüll
Altes Kreiskrankenhaus, Gather Landstraße — 40 55 App. 367

94 Außenstelle der Beratungsstelle Hof/Saale
8674 Naila, Albin-Klöber-Straße 9

95 Erziehungs- und Lebensberatungsstelle
2000 Norderstedt 1
Kirchplatz 2, Gemeindehaus Falkenberg — 5 25 11 81

96 Außenstelle der Beratungsstelle Oldenburg
2430 Neustadt/Holst., Waschgrabenallee 36

97 Außenstelle der Beratungsstelle Speyer
6730 Neustadt — 21 75

98 Außenstelle der Beratungsstelle Rendsburg
2353 Nortorf, Gr. Mühlenstraße 4 782

99 Ev. Ehe- und Erziehungsberatungsstelle
8500 Nürnberg, Pilotystraße 15 33 24 00

100 Ev. Beratungsstelle für Familien- und Ehefragen
4200 Oberhausen, Marktstraße 152 2 40 71

101 Ev. Beratungsstelle für Ehe-, Familien- und Jugendfragen
6050 Offenbach/M., Kaiserstr. 8 88 65 71

102 Ev. Eheberatungsstelle
7600 Offenburg, Poststraße 6 39 47

103 Erziehungs- und Lebensberatungsstelle
2440 Oldenburg, Wallstraße 3, Gemeindehaus

104 Ehe- und Jugendberatung
2900 Oldenburg, Theaterwall 24a 1 43 57

105 Ev. Ehe-, Jugend-, u. Lebensberatung
4500 Osnabrück, Spichernstraße 24a

106 Familien- u. Lebensberatung der Propstei Pinneberg
2080 Pinneberg, Bahnhofstraße 2 2 86 00

107 Erziehungsberatungsstelle des Diakonischen Werkes der Pfälzischen Landeskirche
6780 Pirmasens, Maria-Theresienstraße 27 27 97

108 Außenstelle der Beratungsstelle Köln-Riehl
5050 Porz am Rhein, Hauptstraße 327 5 29 01

109 Beratungsstelle für Erziehungs-, und Lebensfragen
2308 Preetz, Hufenweg 12 27 79

110 Beratungsselle für Erziehungs und Lebensfragen
2418 Ratzeburg, Schrangenstraße 3

111 Ehe- und Lebensberatungsstelle
bei der Inneren Mission
8400 Regensburg, Luitpoldstraße 17 — 5 57 72 u. 5 67 76

112 Außenstelle der Beratungsstelle Hof/Saale
8673 Rehau, Breitscheidstraße 6 (Jugendamt)

113 Beratungsstelle für Erziehungs-
und Lebensfragen
2370 Rendsburg
Christiophorushaus, Hindenburgstraße 26 — 54 70

114 Beratungsstelle für Erziehungs-
und Lebensfragen
2370 Rendsburg, Prinzenstraße 13

115 Psychologische Beratungsstellen der
Landeskirche in Württemberg
7410 Reutlingen, Klosterstraße 2 — 3 45 11

116 Verein für Eheberatung Rüsselsheim e. V.
6090 Rüsselsheim, Kürbisstraße 4 — 6 26 69

117 Erziehungsberatungsstelle
6090 Rüsselsheim, Weserstraße 34 — 6 45 16

118 Ev. Beratungsstelle für Erziehungs-,
Ehe- und Lebensfragen
660 Saarbrücken 3, Heinestraße 11 — 6 57 22

119 Beratungsstelle für Erziehung
und Lebensfragen
2380 Schleswig, Am Brautsee 4 — 2 53 44

120 Ev. Beratungsstelle für Ehe-
und Lebensfragen
7860 Schopfheim, Roggenbachstr. 1 — 720

121 Außenstelle der Beratungsstelle Heilbronn
7170 Schwäb. Hall, Maurerstraße 5

122 Außenstelle der Beratungsstelle Tuttlingen
7220 Schwenningen, Reutestraße 32 — 78 50

Schwerte s. Nr. 129

123 Außenstelle der Beratungsstelle Hof/Saale
8672 Selb, Karl-Marx-Straße 6 (Jugendamt)

124 Beratungsstelle für Eltern,
Jugendliche und Kinder
4770 Soest, Hammerweg 5 — 1 55 86 u. 1 55 87

125 Erziehungsberatungsstelle des Diakonischen Werkes
der Pfälzischen Landeskirche
6720 Speyer, Zeppelinstraße 18 — 39 68

126 Außenstelle der Beratungsstelle Tönning
2252 St. Peter

127 Ev. Beratungsstelle für Erziehungs-
und Lebensfragen
7000 Stuttgart 1, Augustenstraße 39b — 62 63 21

128 Beratungsstelle für Erziehungs-
und Lebensfragen
2347 Süderbrarup, Mühlenstraße im Sonderhort — 611

129 Ev. Erziehungsberatungsstelle
– Jugend- u. Familienberatung –
5840 Schwerte, Jägerstraße 5 — 1 70 40

130 Außenstelle der Beratungsstelle Bad Segeberg
2351 Trappenkamp, Gablonzer Str. 13–15

131 Beratungsstelle für Erziehung
und Lebensfragen
2253 Tönning, Johann-Adolf-Straße 4 — 56 82

132 Ev. Beratungsstelle für Familien-
und Lebensfragen
7400 Tübingen, Am Lustnauer Tor 2 — 2 29 46

Tuttlingen s. Nr. 142

133 Ev. Beratungsstelle für Erziehungs-,
Ehe und Lebensfragen
7900 Ulm/Donau, Neue Straße 32 — 6 24 60

134 Außenstelle der Beratungsstelle Niebüll
2280 Westerland/Sylt, Pastorat Kirchenweg 37

135 Beratungsstelle für Familien-, Ehe-
u. Lebensfragen der Ev. Kirchenkreise
Braunsfeld u. Wetzlar
6330 Wetzlar, Turmstraße 22 — 4 76 66

136 Jugend- und Eheberatungsstelle des
Ev. Dekanats Wiesbaden
6200 Wiesbaden, Schiersteiner Straße 33 — 6 68 81

137 Eheberatungsstelle Worms
6520 Worms, Siegfriedstraße 15 — 8 96 14

138 Ev. Beratungsstelle für Erziehungs-
und Ehefragen
87 Würzburg, Stephanstraße 8 — 5 61 62

139 Außenstelle der Beratungsstelle Hof/Saale
8592 Wunsiedel, Scheunenstraße 2

140 Ev. Beratungsstelle für Ehe-
und Lebensfragen
5600 Wuppertal-Barmen, Höhne 18 — 55 77 44

141 Ev. Lebensberatung des Kirchenkreises
Elberfeld
Beratung in Ehe-, Familien-
und Jugendfragen
5600 Wuppertal-Elberfeld, Luisenstraße 31 — 44 28 22

142 Psychologische Beratungsstelle
der Ev. Landeskirche in Württemberg
7200 Tuttlingen, Alleenstraße 9 — 69 21

143 Ev. Beratungsstelle für Jugend-,
Ehe- und Lebensfragen
440 Münster
An der Apostelkirche 5, (Dietrich-Bonhoeffer-Haus) — 3 11 61

144 Beratungsstelle für Erziehung und
Lebensfragen der Propstei Neumünster
23 Neumünster
Haus der offenen Tür, Am alten Kirchhof 2 — 20 48

145 Ev. Erziehungs- und Lebensberatungsstelle
5450 Neuwied, Hermannstraße 30 — 2 52 08